超使いやすい！表現集の決定版

井原さんちの 英語で子育て

「英語で子育て」サイト主宰
井原香織

Gakken

はじめに

　この本を手に取られたあなたは、お子さんに英語を使えるようになってほしいと願っているのではないでしょうか？　もしかすると、ときどきお子さんに英語のテレビ番組を見せたり、CDを聞かせたりしていらっしゃるのかもしれませんね。それとも、すでに英語教室などに通わせていらっしゃるのでしょうか？

　私も、子どもに英語を身につけてもらいたいと願っている母親のひとりです。どうすれば子どもに英語を身につけさせられるかを考えていて、私たち夫婦は「英語で子育て」を思い立ちました。親が子どもに英語で語りかけながら育てることが、自分たちに一番合った方法だと思ったからです。

　「英語で子育て」といっても、英語だけで子育てするわけではありません。日本語の生活はそのままに、英語で言えそうなことは英語でも言ってみようという試みです。日本語にプラスして、できれば英語も自然に話せるようになることを目指す、ちょっとよくばりな方法です。

　半信半疑でのスタートでしたが、子どもは本当に驚くような能力を見せてくれます。毎日コツコツと「英語で子育て」を続けた結果、息子は日本語だけでなく、英語も話し始めました。

　本書では、「英語で子育て」を始めようとしている方のために、特に基本的な生活表現を厳選しました。朝から夜まで1日の流れを追って、場面ごとにわかりやすく提示しています。また、わが家のこれまでの体験も、何かのお役に立てたらと思い、いろいろな形でご紹介しています。

　「英語で子育て」は多少なりとも親の努力と向上心が必要です。でも、子育てで忙しい中、この本を手に取ったという時点で、あなたが努力と向上心の人であることは証明済みです。あとはこの本を使って、何かひとつ英語で語りかけることから始めてみてください。そしてできるだけ毎日繰り返してください。1週間後には、「英語で子育て」の楽しさがわかってくると思います。そして、半年がんばったあとには、きっとすばらしい効果が現れているでしょう。

井原　香織

もくじ

序章
コテコテ日本人でもできた！
初めての英語で子育て

- ■わが家はバイリンガル家族!? ……… 6
- ■「英語で子育て」はこうして始まった！ ……… 7
- ■ワァ！ 英語を話し出した！ ……… 10
- ■息子の波瀾万丈成長日記 ……… 12
- ■やっててよかった！ ……… 16
- ■「英語で子育て」を成功させるには ……… 19
- ■サイモン先生が質問にお答えします！ ……… 21
- ■ネットで広がる「英語で子育て」 ……… 24

第1章
親子がもっとハッピーになれる♪
マジック・フレーズ

- ■マジック・フレーズの使い方 ……… 26
- ❶わー，すごいね！ ……… 28
- ❷いい子ね ……… 29
- ❸見て！ ……… 30
- ❹いい子だったね ……… 31
- ❺走るのダメよ ……… 32
- ❻何て言うんだっけ？ ……… 33
- ❼いいアイディアね！ ……… 34
- ❽これ？ それともこれ？ ……… 35
- ❾できるよ！ ……… 36

第2章
朝・着替え

- 👕井原家の子育てライフ ……… 38
- ❶起きる時間よ ……… 40
- ❷ギューッてして ……… 42
- ❸お仕事に行っちゃったよ ……… 44
- ❹今日は何着る？ ……… 46
- ❺パジャマ脱いで ……… 48
- ❻顔や手を洗いに行こう ……… 50
- ❼牛乳とお茶どっちがいい？ ……… 52
- ❽忘れ物ない？ ……… 54
- 👕カオリの英語で子育て進行中！ ……… 56
- 👕ステップアップ表現 ……… 58

第3章 外出

- 井原家の子育てライフ …… 60
- ❶ 今日はいい天気よ …… 62
- ❷ ベビーカーに乗って …… 64
- ❸ 信号青だよ …… 66
- ❹ あ，あのお花見て！ …… 68
- ❺ わんわん好き？ …… 70
- ❻ すべり台で遊ぶ？ …… 72
- ❼ 仲良く遊んでね …… 74
- ❽ 遅くなっちゃうよ …… 76
- 英語あそび！ …… 78
- ステップアップ表現 …… 80

第4章 家の中

- 井原家の子育てライフ …… 82
- ❶ クレヨンひとつ取って …… 84
- ❷ 散らかってるねえ …… 86
- ❸ それビデオデッキに入れて …… 88
- ❹ ティッシュをもらえるかしら？ …… 90
- ❺ 洗濯物たたんでるのよ …… 92
- カオリの英語で子育て進行中！ …… 94
- ステップアップ表現 …… 96

第5章 食事・おやつ

- 井原家の子育てライフ …… 98
- ❶ おやつ食べる？ …… 100
- ❷ 「開けてください」は？ …… 102
- ❸ 夕食できたよ〜 …… 104
- ❹ 今日はお魚よ …… 106
- ❺ おいしい？ よかった！ …… 108
- ❻ 食べ物で遊んじゃダメよ …… 110
- ❼ おしまい？ …… 112
- 英語あそび！ …… 114
- カオリの英語で子育て進行中！ …… 116
- ステップアップ表現 …… 118

第6章	井原家の子育てライフ	120
トイレ・お風呂・寝るとき	❶おトイレなの？	122
	❷お兄ちゃんになったね	124
	❸頭洗ってあげる	126
	❹背中洗ってくれる？	128
	❺歯ブラシ持って	130
	❻ママが絵本読んであげる	132
	❼電気消そうね	134
	カオリの英語で子育て進行中！	136
	ステップアップ表現	138

さくいん ……………………………… 139
クイック暗記シート …………………… 149

この本の構成と使い方

第2～6章は次のように構成されています。（第1章は構成が異なります。）

●CDのトラック番号
付属のCDと対応しています。実際に音を聞いて練習してください。

●イラスト
実際の子育て場面をわかりやすくイラストで表しました。

●発音
難しい発音には，発音のヒントが示してあります。

●more phrases
同じ場面で使える表現を集めています。
〈マークの意味〉
赤ちゃんへの語りかけ
応用 基本文の応用

●基本文（赤い字の文）
よく使う英文を基本文として取り上げました。

●井原家の子育てダイアリー
息子の英語の成長ぶりや，「英語で子育て」をやっていて私が気づいたことをまとめています。

4 この本の英文にある発音のカナ表記は，あくまで参考です。CDの音声を聞いて，練習しましょう。

序章

コテコテ日本人でもできた！
初めての英語で子育て

わが家はバイリンガル家族!?

■英語と日本語が飛びかう家の中

息子：ママ，何探してるの？
母　：ん？　I'm looking for my glasses.
　　　（めがね探してるの。）
息子：You forgot where you put them?
　　　（どこに置いたか忘れちゃったの？）
母　：うん。
息子：Daddy, Mommy's looking for her glasses.
　　　（パパ，ママめがね探してるよ。）
父　：Why don't you help her find them?
　　　（探すの手伝ってあげたら？）
息子：Mommy, I'll help you.
　　　（ママ，手伝ってあげるよ。）
母　：ありがとう。

わが家では，こんなふうに毎日，**英語と日本語の両方**を使って生活しています。私たちは夫婦とも日本で生まれ育ったふつうの日本人。現在3歳の息子も，日本でふつうに生まれ育っています。特に英語の保育所や教室などに通っていたわけではありません。それなのに，どうしてこんなことができるようになったのかというと，それは私たち夫婦が毎日せっせと息子に**英語で話しかけて**きたからだと思います。

私たちもつい2，3年前までは，日本人家庭で育つ子どもが自然に英語を話し出すなんて半信半疑でした。しかし，子どもの頭は私たちの予想より**はるかに柔軟**でした。息子は，日本語だろうが英語だろうが，親が日常話すことはすべて理解し，ついには自分で文を作ってしゃべり始めたのです。

「英語で子育て」はこうして始まった！

■意外とカンタン！

いわゆる「英語ペラペラ」からはほど遠い私たち夫婦が「英語で子育て」を始めたキッカケは実に単純です。試してみたら意外と簡単だったからです。

「子どもと英語で会話なんて無理！」と思いつつも，家の中ですから特にはずかしさもなく，試しにLet's change your diaper.（おむつ換えようね。）と言ってみました。最初のうちは何となく他人の言葉を借りて話しているような違和感がありましたが，毎日言っているうちに自分自身の言葉のように感じられてきました。

実際，子ども相手に毎日使う言葉というのは，「おやつ食べる？」（Do you want a snack?）にしろ「パジャマ脱いで。」（Take off your pajamas.）にしろ，それほど難しい英語ではないのです。しかも，起きて，食べて，遊んで，寝て……という生活の中で毎日繰り返す決まった言葉が多いので，何日か使っていると少しずつ気持ちも乗ってきます。

それで，受験英語しか知らない私たちにも心の通った「英語で子育て」ができるかもしれないと思い，本格的に始めてみました。

■教材だけではムリ!?　英会話教室はムダ!?

私たちが「英語で子育て」を志したもうひとつのきっかけは，妊娠中に読んだ『Newsweek』の記事でした。「赤ちゃんの脳はものすごい言語習得能力を持っている。」という内容でしたが，よく読むと「ビデオやCDなどで音を流しっぱなしにするやり方（一方向）ではダメ。大切なのは双方向のコミュニケーション。」というようなことが書かれていました。

それまで私は，「子ども向けの英語ビデオやCDを使っていれば，子どもはいつか英語を話すようになるのかな！」と安易に考えていたので，「双方向」という言葉にショックを受けました。

また，ちょうどそのころ，子ども向け英語教室

で教えている英語ネイティブの友人に,「週に1時間通うだけでは,何年通っても英語が話せるようにはならないと思う。」と言われ,これにも衝撃を受けました。

　CDにも英語教室にも頼れない。でもやっぱり子どもには英語を身につけさせたい。となると,残された方法は「英語で子育て」のように思えたのです。

　もちろん英語の習得だけを目指すなら,インターナショナルスクールに入れる,英語の先生を週に何日かお願いするなどの方法もあると思います。でも,あまりお金をかけず,また,外でのびのびと遊んだり,親子でいろいろな経験をしたりといったふつうの生活も守りながらやっていきたいなと私たちは考えました。そのためには,親が毎日の子育ての中で英語を使っていくことがひとつの選択肢になると思ったのです。

■何もわからなかった最初のころ

　さて,英語で子育てすると決めたものの,最初は本当に何もわかっていませんでした。今では書店には英語育児のためのフレーズ集がたくさん並んでいますが,わずか3年前のこととはいえ,当時はまだそういったものはほとんどありませんでした。

　「おむつ換えようね。」すら英語で何と言っていいかわからず,とりあえず辞書を引いてみました。でも,そこにあったのは「おむつ＝diaper」という単語だけ。それをどのように自然な文章にしていいかわかりませんでした。

　次に思いついたのが洋画です。ビデオ店へ行って赤ちゃんがジャケット写真になっているものを何本か借り,コメディーなのに夫婦で真剣に見ました。おむつ換えのシーンもあるにはあったのですが,余計なジョークが多く(すみません!),かんじんなところは何度巻き戻しても聞き取れずじまい。結局これも失敗に終わりました。

　次に試したのは,インターネットで子育てに関する洋書を買うことです。どの本を買えばいいかわからず,ムダな買い物もたくさんしましたが,いくつかは子育てに使えそうなフレーズを見つけることができました。

　でも一番役に立ったのは,週1回の英語のプライベート・レッスンでした。

子どもにレッスンを受けさせるより，親が英語を習って子どもに英語で話しかけるほうが効果があると信じ，自分たちがネイティブの先生によるレッスンを受けました。

レッスンの内容はちょっと変わっていました。「これは何て言うんだろう？」と思った文を日本語であらかじめノートの左側に書いておき，先生にかたっぱしから質問して，英訳をノートの右側に書いていったのです。こうして，約半年のレッスンでたくさんの文を覚えました。

■息子が英語を話すまで

親による英語の語りかけは順調に進んでいましたが，息子が英語を話し始める様子はなかなか見られませんでした。そして，息子の行動がどんどん活発になってくると，話す内容もそれにともなって複雑になり，親のほうでもとっさに英語が出てこないことが多くなっていきました。ですから，英語での語りかけは生活の中の基本的なことをただ繰り返し言って聞かせるだけでした。ときには，「日本人が日本にいてこんなことをしていてもやっぱりムダなのかな。」と不安になることもありました。

しかし，アウトプットはないまでも，息子の行動から私の英語が通じていることは見てとれました。たとえば，公園で私が Can you climb up the slide?（すべり台に登れる？）と言うと，クルッと振り返ってスロープを登り始めましたし，お風呂の中で，Mommy wants to kiss your duck.（ママ，あひるちゃんにキスしたいなあ。）と言うと，たくさんあるおもちゃの中からあひるを取って私の口に持ってきてくれました。自分の英語が通じていることがうれしく，それだけでも「続けてきてよかった。」と思えました。

その後，ますます日本語ですごすことが多くなり，「もうそろそろわが家の『英語で子育て』も終わりかな。」と思い始めた矢先，ついに息子が英語で話し始めたのです。

ワァ！ 英語を話し出した！

■子どもは自分でどんどん文を作る

　私たちは息子が0歳のころから「英語で子育て」を始めたので，息子が英語を話し始めるまでかなり長い間待つ必要がありました。しかし，ひとたび英語で話し始めると，その後はどんどん話すようになりました。

　そして意外だったのは，息子が自分で文法を駆使して作文し始めたことです。無知だった私たちは，小さい子どもは周りの人の言葉をオウム返しに言うことによって話せるようになっていくと思っていました。ですから，親がしゃべったことのない英語の文を息子が自分で作って話す姿がとても不思議でした。

　単語を2語使う文を話せるようになったころ，息子はずいぶん日英ミックスの文を作りました。たとえば，「セミが行っちゃった。」と言いたいのを「セミゴーン（gone）！」と言ったり，「噴水があった。」と言いたいのを「ファウントゥン（fountain）あった！」と言ったりしました。

タイガー・ウッズは複数形！?

　ゴルフの全英オープンを見ていたときのことです。タイガー・ウッズの名前を教えると，息子はWhere *are* Tiger Woods?のようにウッズを複数形と処理して文を作り始めました。そこで，No, no. 'Tiger Woods' is his name.と教えると，なるほどという顔をして，今度は，He is Tiger *Wood*.とウッズのsを取ってしまいました。（2歳4ヵ月）

もう少し大きくなると、動詞の過去形もよく創作しました。I *catched* the ball.（正しくは I caught the ball.）や I *bringed* my cup.（正しくは I brought my cup.）などがその例です。これらは、私が間違いに気づいて言い直してあげても、かなりあとになるまで同じ間違いを繰り返しました。ちょっとやそっとの注意では改まらないくらい、すでに自分の中に強固な言葉のルールを築いていたようです。

■絵本とDVDと語りかけ

　英語力のない私たちでも、絵本を読んであげることで、息子の語彙や構文の幅を広げられると思い、絵本の読み聞かせだけは夫婦で協力して毎日続けるようにしました。最初は本当に簡単な、単語が１ページに２つか３つしかないような本を読んでいましたが、長い文のものも少しずつ読めるようになっていきました。

　また、２歳半くらいになると、本の内容を部分的に暗記し、日常の会話に応用することも増えていきました。２歳10ヵ月のときには、When I was drinking milk, Gombe came and knocked it over.（ぼくが牛乳を飲んでたらゴンベ（飼い犬）がきてひっくり返しちゃったんだ。）というような、接続詞のwhenを使った文を作るようになりました。このころ読んでいた絵本にwhenを使った文がたくさん出ていたので、そこから吸収したのだと思います。

　ビデオやDVDも英語のものを毎日少しずつ見せました。世界のいろいろな英語に触れてほしくて、多くの国のものを集めるようにしました。息子のリスニング力や発音の土台は、ビデオやDVDで固められたのだと思います。

　私たち夫婦の語りかけだけでは不十分だったと思いますが、このように絵本とDVDの力も借りることによって何とか前進していくことができました。この３つのうち、どれかひとつ欠けても成果はあがらなかったように思います。

息子の 波瀾万丈 成長日記

はずかしながら，息子の英語がどんなふうに上達したかをご紹介します。

■0歳7ヵ月

　0歳のときは，英語が通じているのかいないのかわかりませんでしたが，とにかく，日本語でも英語でも，できるだけたくさん話しかけました。

■1歳1ヵ月

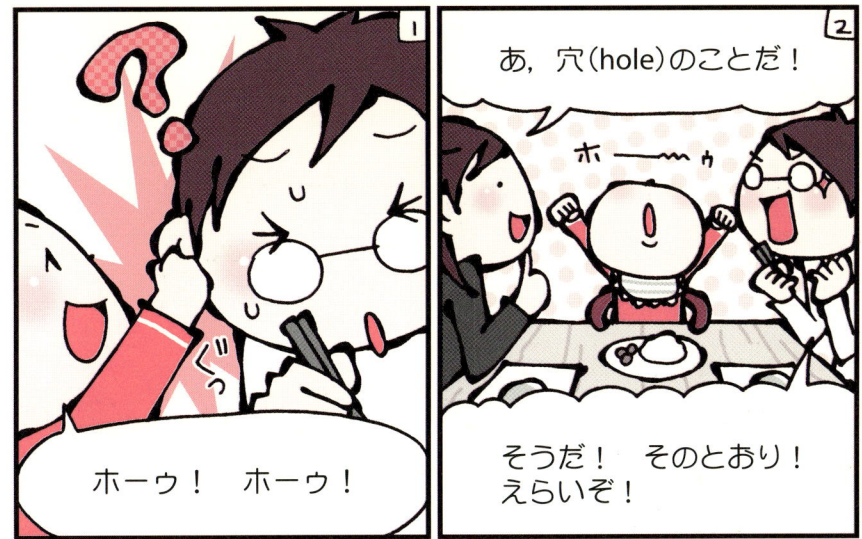

このころから少しずつ単語のアウトプットが始まりました。

■1歳7ヵ月

母　：**What are you wearing?**
　　　（何はいてるの？）
息子：**Shoes.**（おくつ。）
母　：**Whose shoes are they?**
　　　（誰のおくつ？）
息子：**Mama's.**（ママの。）
母　：**Are they mine?**
　　　（私のなのね？）
息子：**Yes, mine!**
　　　（うん，mineだよ！）

　少しずつ会話のようなものが成り立つようになってきた時期です。所有格の表現（「ママの」「パパの」など）を多く使っていました。youとmeの区別はまだできていません。このあとすぐ，進行形の文を作るようになりました。

■2歳7ヵ月

急にいろいろなことが言えるようになりました。未来を表す will や be going to を使えるようになったのもこのころです。

■3歳1ヵ月

ゆっくりですが、接続詞を使って長い文をしゃべれるようになってきました。絵本に出てくるフレーズと似たフレーズを使うことがよくあります。

やっててよかった！

■2倍楽しい子育て

「英語で子育て」をやってきてよかったと思えることはいろいろあります。そのひとつは、子どもの言葉の成長に2倍感動できたことです。

お子さんをお持ちの方でしたら、子どもが初めて何か新しい言葉を発したときの喜びや感動はよくごぞんじだと思います。私たちの場合、日本語と英語の両方で話しかけましたから、息子は生活の基本的なものは両方の言語で覚えていきました。親バカで恐縮ですが、息子が日本語を話しても英語を話してもとにかくうれしく、そのたびに息子の手をとって大喜びしてきました。「りんご」と言えるようになって大喜びし、その後 apple と言えるようになってまた大喜び、といった具合です。

また、夫婦の会話には必ずといっていいほど、息子が今日は何を何語でしゃべったというような話題がのぼり、幸せなひとときをすごしました。もしかすると、日本語だけで育てた場合よりもっと、日本語の成長についても敏感に喜ぶことができたのかもしれません。

■英語流のほめる子育て

もうひとつ、私たちにとってプラスに働いたなと思えるのは、英語流のほめる表現をたくさん使って、幼児期の子育てができたことです。

日常生活に英語も使ったからといって、私たちの生活スタイルや価値観を欧米風に変えたわけではありません。ただ、英語には人をほめる表現がたくさんあるので、それだけはやや意識的に取り入れてきました。

たとえば、子どもが何かを作ったときなどに言う I like it.（私はそれが好きよ。）や、とてもいいことをしたときなどに言う I'm proud of you.（あなたを誇りに思うわ。）は、日本語で言ってもどうもしっくりこない気がします。ですから、英語のまま口にしてきました。

息子も，そんな親を見ていたせいか，親を(今のところは！)よくほめてくれます。You look nice.(ママ素敵だね。)やI like your eyes.(ママの目が好き。)なんて言われると，もうメロメロです。ときどき，日本語だけで育てたらこんなふうになったかなと考えることがあります。

> ### 「シンガポール」の発音は？
>
> 息子の仲良しのお友達が今はシンガポールに住んでいます。先日ふとんの中で何気なく息子に，Does she live in Singapore?(彼女はシンガポールに住んでいる？)と聞くと，なぜかNo!と答えます。Why no?(どうしてノーなの？)と聞き返すと，She doesn't live in *Singapole*. She lives in Singapore! とのこと。私の「シンガポール」の「ル」がうっかり「L」の発音になっていたことを，聞き逃さなかったのです。
>
> 私の発音はこのとおりあやしいものなのに，子どもの耳のいいことには驚かされます。(2歳7ヵ月)

■無理なく英語を身につける

ここで「英語で子育て」を志した理由をもうひとつ挙げます。私たちは，子どもには心理的抵抗を感じることなく英語を習得してほしいと思いました。

小学生，中学生くらいになってから突然，「英語をしゃべりなさい。」とか「英語でビデオを見なさい。」と言われたらどう感じるでしょう。便利な日本語を使わないというのは大変です。これでは，何か特別な動機づけでもない限り，英語に対して心理的抵抗を覚えてしまうことでしょう。

息子は今のところ，何も言われなくても，気が向けば私たちに英語で話します。絵本を読むときも，英語か日本語かはあまり重要ではないようで，そのとき読みたいものを選んで持ってきます。ふつうの日本の子どもが日本語を覚えるように，息子は日本語も英語も覚えながら，ごくふつうに楽しく暮らしています。

息子が2歳2ヵ月で高熱を出したときのことです。私がこっそりおでこに冷却シートをはると，目を覚まし，No! I don't like this. Take it off! It's strange.(やめて，これイヤだ。はがして！ 変だよ。)と英語で必死に訴えました。

そのときは,熱でつらいはずなのに英語を話す姿が不憫に思えました。私なら,苦しいときにわざわざ英語で話そうとは決して思いません。でも,それは「英語はつらいもの,大変なもの」とすり込まれている私の勝手な思い込みだったのでしょう。そういう抵抗感がないからこそ,息子はあのとき英語で話したのだと思います。

父親も参加しませんか

井原智生(著者の夫)

　私は,当初「英語で子育て」に参加するべきか迷いました。早期英語教育に関する本に「一親一言語」という言葉があり,英会話が苦手な私は,日本語担当に専念するのがいいのかなと思ったのです。しかし,自分が受けてきた英語学習法には疑問を抱いており,それが「英語で子育て」に積極的に参加しようという気持ちにつながりました。

　息子と遊ぶときやお風呂に入るときは,よく英語で語りかけました。下手ながらも,Kick the ball.(ボールをけって。)などと英語で言葉をかけ,楽しく遊びました。ともすると単調になりがちな子育てに英語はある種の心地よい緊張感を与えてくれました。

　今振り返ってみると,もし私が日本語しか話さなかったとしたら,息子は家庭では日本語しか使わなかったのではないかと思います。息子の様子を見ていると,「その場での共通語が何か」ということに幼いながらとても敏感だからです。たとえば,祖父母を交えるときは,息子は私たちに対してさえ1日中日本語を使おうとします。私が使う英語は簡単なものばかりですが,それでも,夫婦ともに英語を使う姿勢を見せたことで,息子は家の中には共通語が2つあると認識し,安心してどちらの言語も使うことができているのではないかと思います。

　私も妻も忙しく,息子の英語に大きな時間をさいてきたわけではありません。それだけに,毎日の積み重ねが子どもにもたらす効果を実感しています。息子がもっと成長してからも,見たい映画を見る,知りたいことを調べる,人とコミュニケーションするなど,さまざまな目的を達成するための有効な手段として英語をとらえ,毎日少しずつでも使いながら上達していってほしいと願っています。

「英語で子育て」を成功させるには

■必要だから親が教える

　「英語で子育て」を始めたころ，インターネットで知り合った香港出身のママとアメリカ出身のママと会う機会がありました。香港出身のママは英語と広東語で，アメリカ出身のママは，自分のお母さんがスペイン語圏出身なので英語とスペイン語で，それぞれ子どもに話しかけていました。

　使う言語をくるくると切り替える様子を見て，どうして子どもに複数の言語を使うのかとたずねました。力のこもった長い説明が返ってくると予想していたのに，答えはあっさり「必要だから。」というものでした。

　そのシンプルな答えにはっとさせられました。もしかすると，英語の教材や英語教室が周りにたくさんある中で，ともすれば私たちは「必要だから親である自分が教える」という単純で基本的な姿勢を忘れがちになっているのかな，と思いました。

■「日本人としての英語」に自信を持って

　日本人の親は，子どもに下手な英語など聞かせないほうがいいのでしょうか。それとも，アメリカ人やイギリス人などのネイティブの英語だけを聞かせるべきなのでしょうか。

　英語は，世界中のいろいろな地域で話され，国や地域を越えてコミュニケーションをはかるときの共通語として使われることが多い言語です。であればそこには当然，「日本人の英語」があってもいいのではないかと思います。

　大切なのは「自分も英語を話す世界人のひとりなんだ！」という自信です。自信がなければ英語を使う気も起こりませんし，使わなければ上達もしないからです。

　子どもにも，この自信を持ってほしいと思います。間違いをおそれるような学び方ではなく，多少間違えても使えたことを喜ぶような学び方をしていってほしいと考えています。

■自分たちのやりかたで

　初めのころ、英語と日本語を混ぜないほうがいいような気がして、「夕方と寝る前だけは英語」「火曜と金曜だけは英語」と時間や曜日で区切ったことがありました。でも、結局どちらも長続きしませんでした。英語を話したいタイミングと日本語を話したいタイミングが、そう都合よくは訪れなかったからです。

　「自分たちのペースでいいや。」と半ば開き直ってから、私たちの「英語で子育て」はスムーズに転がり始めたような気がします。肩の力が抜けたことで、親のほうも自然に英語を生活に取り入れ、ここまで続けてこられました。

　私たちの「英語で子育て」はまだ３年ですが、これからも、そのときの状況に合わせて自分たちのやり方を探していけたらと思っています。

■親として何がしたいのか

　「英語で子育て」を始めて、夫婦でいろいろなことを話し合う機会が増えたような気がします。人とはちょっと変わったことをしているぶん、何かあるごとに自分たちの子育てを振り返りました。そして、そんな中から、「自分たちは親として子どもに何をしてあげたいのか」ということをよく考えるようになっていきました。

　私たちが子育てに関して願っていることは、英語よりも何よりも、まずはもっと当たり前のことなのです。「子どもにたくさんの愛情を与えたい。」「一緒にいろいろな経験をして、世の中のすばらしいことを分かち合いたい。」「前向きで思いやりのある子どもに育てたい。」といった、もっと根本的なものがまずあり、「英語で子育て」は、それを達成するためのひとつの要素なのです。

　英語にとらわれるあまり根本を見失ってしまっては、「英語で子育て」は意味のないものに終わるかもしれません。しかし、親として本当に大切なものを忘れず、その達成のために英語をうまく利用していけたら、「英語で子育て」は子育てを何倍もすばらしいものにしてくれると思います。

　私も、みなさんとともに、子育てを充実したものにできたらと願っています。

初めての英語で子育て

サイモン先生が質問にお答えします！

「英語で子育て」をやっていると，これから始めてみたいお母さん方からよく質問を受けます。p.22-23でこれらの質問に，発達心理学博士のサイモン・ダウンズ先生が答えてくれます。まずは，先生についてご紹介します。

■サイモン先生との出会い

サイモン先生とは，なんと近所の公園で偶然出会いました。私がいつものように英語で，Can you kick the ball to me? (ママのほうにボールけってみて。) などと息子と遊んでいると，興味深そうに話しかけてくる外国人がいました。その人が，バイリンガル教育の研究者，サイモン・ダウンズ先生だったのです。

先生に言わせると，日本人らしき女性が，子どもに向かって大声で英語をしゃべっている光景が衝撃的だったそうです。私としては，外ではちょっとはずかしいので家にいるときより小さい声で話していたつもりなのですが……。

サイモン・ダウンズ博士

1966年，英国生まれ。1979年，米国ロサンゼルスに移住。サンディエゴ州立大学卒業後，1992年から日本で英語教育にたずさわる。2002年，筑波大学で博士号取得。研究のテーマはバイリンガル教育・イマージョン教育。早期英語教育が子どもに与える可能性について多くの論文を発表している。また，「サイモンこども英語教室」を主宰。

Q1 私も夫も英語にはあまり自信がありませんが，大丈夫でしょうか。また，親の下手な発音が子どもにうつりませんか？

A1 子どもに毎日必ず使う言葉というのはそう難しいものではありません。少々英語が不得意でも，この本を初め，市販の表現集などを活用すれば，誰でも正しい英語で語りかけてあげることができます。

発音については，CDやDVDなどを併用すれば，子どもはその発音を聞いて吸収していくことが知られています。ですから，親が発音に自信がなくても気にしすぎることはありません。

英語の基礎が身についたら，テレビやパソコンなども活用してみましょう。こうして，本人が実際に英語を使いながら上達させていくことにつなげていくのです。今はまず，お子さんの英語の基礎力を育むつもりで，短くてやさしいフレーズから始めてみましょう。

Q2 親が日本語と英語の両方を使うと，子どもの頭の中で2つの言語がごちゃごちゃになりませんか？

A2 幼いうちは，語彙力の不足などのため，ひとつの文にほかの言語の単語を混ぜてしまうことがありますが，子どもは早い段階から，状況に応じて使う言語を切り替えられることがわかっています。

井原家では！

息子は2歳をすぎる頃には，相手によって日本語と英語を使い分けるようになりました。

Q3 子どもの日本語の発達が遅れませんか？

A3 子どもは，家庭で話される言語よりも，地域や学校で話される言語から強い影響を受けることがわかっています。日本ではふつう幼稚園や学校などを含め，周りがすべて日本語を話す環境であることが多いと思います。そうした環境の中で，親が生活にある程度英語を取り入れたとしても，最終的に子どもの日本語の発達に問題が出ることはまず考えられません。

また，バイリンガル環境は，子どもの思考を柔軟にし，言葉に対する理解力をも発達させるという研究結果も発表されています。

Q4 日本人としてのアイデンティティが失われませんか？

A4 世界には，自分たちの文化を保ちながら，英語を共通語として受け入れている国がたくさんあります。日本人の親が生活の一部に英語を取り入れる程度では，日本人としてのアイデンティティが失われるとは考えられません。

英語を通して世界のほかの国や文化を知ることにより，日本への理解がむしろ深まることが期待できます。

井原家では！

ハロウィーンやイースターなど，外国の風習の表面だけを真似するより，今は日本の伝統的なことを子どもと一緒に楽しみたいと思っています。英語は使っても，中身は日本人なのです。

ネットで広がる「英語で子育て」

■ネットで情報交換

　「英語で子育て」を始めた当時は、本や情報は今よりずっと少なく、不安に思うこともありました。そこで、きっと私のような親はほかにもいるだろうと思い、情報交換ができるウェブサイトを作りました。すると、「英語で子育て」をしている人や始めようとしている人からたくさんの反応をいただきました。会員数も日々増え、今ではウェブサイト上で悩み、質問、情報などの交換がおこなわれています。みなさんも参加しませんか？

■ウェブサイト「英語de子育て」をのぞいてみてください！

●仲間がいます！
　「英語で子育て」してるパパ＆ママ集まれ！　メーリングリスト、会報メルマガで、交流を深めましょう。メーリングリストで出てきた疑問や悩みについてみんなで考えるコーナーも新設しました。

●絵本・教材大研究！
　どの英語教材を選べばいいのか悩むかたも多いと思います。教材紹介ウェブサイトにリンクし、使用者のコメントを掲載しました。
　また、おすすめの絵本を紹介するコーナーもあります。

http://eigode.info

●井原家の場合…
　「英語で子育て」をすることへの期待や目的、始めた当初の奮闘ぶり、息子の成長ぶりなどをつづっています。そのときどきで息子が発した英語の文も掲載。みなさんの参考になればと思います。

●年齢別の人気フレーズも！
　どんどん大きくなる子どもの成長に合わせて語りかけができるように、0歳から小学校6年生までの「年齢別！　一番人気フレーズ　ベスト10」も掲載しています。

▶「英語で子育て」サイトの内容やURLは変更される場合もあります。

第1章
親子がもっとハッピーになれる♪
マジック・フレーズ

プチ QUIZ　下線に入る語を考えてみましょう。

Wow, _____ _____ !
わー，すごいね！

答え　that's, great

マジック・フレーズの使い方

■カンタン！ ハッピー！ マジック・フレーズ

「英語で子育て」にチャレンジしたいと思っても，いざとなるとどんな英語表現を使っていいかわからないという方もいらっしゃると思います。ここでは，そんな方におすすめしたい表現（マジック・フレーズ）をご紹介します。

ここで選んだ表現は，どれも簡単で短いものです。そして，使えば使うほど親子がハッピーになれる表現ばかりです。どうせなら，お子さんに英語を身につけさせながら，子育てライフもハッピーに行きましょう！

フレーズは，次の4つのカテゴリーに分かれています。

> 1　ほめる……子どものいいところをどんどんのばすための表現
> 2　対話………ちょっとした心配りで愛情を伝えるための表現
> 3　しつけ……マナーを身につけさせるための表現
> 4　自立………子どもの意思を尊重し自立をうながす表現

■イメージをふくらませる

p.28から，具体的な表現とその使い方をマンガで紹介していますので，それを見て，ご自身がそれらの表現を使っているイメージをふくらませてみてください。そして，それらの表現が使えそうなシーンを日常生活の中で積極的に見つけていってくださいね。

そのためには，ひょっとしたらいつも以上にお子さんの行動に目を向け，お子さんの心に寄り添ってあげる必要があるかもしれません。英語の表現を使うことで，知らず知らずのうちに子育てがいっそう充実したものになっていたら最高ですね！

■少しずつ英語に気持ちを乗せて

　最初から全部英語で話す必要はありません。むしろ，少しずつ，英語を話していると気づかれないくらい自然に増やしていったほうがいいのです。まずは，ご自身もお子さんも，英語のある生活に慣れることが大切です。

　使い始めのころは，他人の言葉を借りてしゃべっているような違和感があるかもしれません。しかし，毎日使っているうちに少しずつ気持ちが英語に乗ってくると思います。そして，お子さんもじょじょに言葉の意味を理解していきます。そうなれば，しめたもの。日本語と同じような感覚で，親子の間で英語が機能し始めたわけです。

■ひとつずつ確実にモノにする

　英語の表現は，一度にたくさん覚えようと無理をするより，ひとつずつ確実にモノにしていくほうが効果的だと思います。

　私の場合は，「今度はこれをモノにしよう！」とターゲットを決めると，よくそのフレーズを左手の甲にマーカーで書いておきました。いつでも目に入るようにしておきたかったからです。そして，それが自然に消えるまで，何度も何度も使いました。

　あるときは，Let's race!（競争だよ！）というフレーズを覚えるため，息子は1日中いろいろな競争につき合わされました。あるときは，Let me wipe your nose.（お鼻ふいてあげる。）というフレーズを覚えるため，息子は1日中，ティッシュで鼻をふかれました……。

■リラックスして楽しんで

　それではさっそく，表現を見てイメージをふくらませるところから始めてみてください。楽しくなければ長続きしませんので，まずは自分自身が楽しむこと。自分と子どもの力を信じ，リラックスして「英語で子育て」をとことん楽しみましょう！

　きっと1年後には，英語で会話をする家族が日本にまたひとつ増えていることと思います。

1. わー, すごいね！

　子どもの行動をよく観察し，小さなことでも一緒に感動しましょう！

Wow, that's great!　　（わー，すごいね！）

　子どもはいつだって親に自分のしたことを認めてもらいたいし，またほめてもらいたいもの。たとえば，砂で大きな山を作ったとき，高いところからジャンプできたとき，新しい友達ができたとき，文字が読めたときなど，小さなことでも，子どもと感動を分かち合うようなつもりで心から言えたらいいですね。

2. いい子ね

やさしい笑顔とこの言葉で，子育てはもっとハッピーに！

Good boy!　（いい子ね。）

　ごはんを残さず食べられたとき，注意を素直に聞いたとき，片づけができたとき，手伝いをしてくれたときなどなど，いつでも使えます。お子さんを注意深く見ていると，使えそうな場面はもっともっと増えるかも！　ゆっくり大げさに言うとすごく感心している雰囲気が出ます。

　女の子の場合は，boy を girl に変えて言ってみてください。

英語では　「少しだけがんばって。」＝Just try a little bit.

3. 見て！

世の中の不思議なこと，すばらしいことを子どもに伝えましょう！

私が花を見かけるたびに Look！と繰り返していたら，息子はいつしか大の花好きに。今では息子のほうから Look！と教えてくれます。

Look!　（見て！）

　　この言葉で，子どもの注意をひくことができます。道ばたの花でも，アリの行列でも，コップの中の氷のおもしろい形でも，何でもいいと思います。ふだん見すごしがちなことも，Look！を使うことで，親子の楽しい発見に変えられたら素敵ですね。

マジック・フレーズ

4. いい子だったね

対話　track 5

よくできたことは，あとで思い出してさらにほめてあげましょう。

You were a very good boy. （とってもいい子だったね。）

「いい子だったね。」と過去の行動をほめるときは，p.29で出てきたGood boy.（Good girl.）を使って，上のように言ってみましょう。わが家では息子を寝かしつけるとき，その日息子がしたことでえらかったことを必ず語り合います。私も息子も，とてもいい気分で眠れるのです。

英語では　「今日はどこ行ったっけ？」＝Where did we go today？／「覚えてる？」＝Do you remember？

5. 走るのダメよ

何かを禁止する表現も，愛情をこめて言いたいものです。

ノーラニン　プリーズ
No running, please! 走るのダメよ。

No running, please!　（走るのダメよ。）

　　No ～ing. で「～するのはダメよ。」という禁止の表現になります。Don't run !（走らないで！）より，No running. のほうが少しやさしい響きになります。please をつけると，さらにやさしく丁寧な感じになります。

　　「おうちで走るのはダメよ。」は No running in the house. で，「キャーキャーと大声を出すのはダメよ。」は No screaming. です。

マジック・フレーズ

6. 何て言うんだっけ？

track 7

しつけ

日本語でも英語でもちゃんとした言葉遣いができる子に育てたいもの。

① お茶ちょうだい。

② **Here you are.** (ヒアユアー)
はい，どうぞ。

③ **What do you say?** (ワッドゥユセイ)
何て言うんだっけ？

ありがとう！

What do you say?　（何て言うんだっけ？）

　What do you say? は日本語の「こういうとき何て言うの？」です。たとえば，お菓子を子どもに手渡す前に What do you say? と言ってみてください。子どもに Please.（ください。）や Can I have it, please?（いただけますか。）などと言うよううながしていることになります。

7. いいアイディアね！

自立

🪣 子どもの提案や思いつきをほめて，自立をうながしましょう。

① お花にお水あげる〜。

Good idea! を使って，息子にたくさん水やりをしてもらったせいか，わが家の植物は根ぐされ寸前！　でも，息子のやさしい気持ちはうれしいです。

② **Good idea!** （グッアイディア）
いいアイディアね！

Good idea!　（いいアイディアね！）

　　子どもが何か自分の希望を言ったり提案したりしたときにはこの Good idea! が使えます。単に OK. とそっけなく言うより，子どもの意思を認めてあげた感じが出ると思います。

　　子どもだって自分のアイディアをお母さんにこんなふうにほめられたら，きっとうれしくなってしまうはず。

マジック・フレーズ

8. これ？ それともこれ？

自立

track 9

子どもの意思を聞くために，こんな表現を使ってはいかが？

① どっちがいい？

This one, or this one?
ディスワン オアディスワン
これ？ それともこれ？

最初の This one は上げ調子、2度目の this one は下げ調子で発音します。

② **Here you are.**
ヒアユアー
はい，どうぞ。

This one!
ディスワン
これ！

This one, or this one? （これ？ それともこれ？）

お子さんがどっちのビデオを見るか決めるときやおやつを食べるときなどに使ってみましょう。どうしたいかを言うことによって，子どもの自立心も育っていくと思います。応答の This one！(これ！) は子どもがすぐに真似して使い始めるフレーズのひとつだと思います。

英語では 「どっちがいい？」=Which do you want？

9. できるよ！

自立　　track 10

お母さんに励まされれば、子どもだってやる気になってくれます。

① 自分でできる？／できな〜い。

② **Try! You can do it!**（チュライ ユーキャンドゥーイッ）
やってみたら？　できるよ！

③ できた！／**Good job!**（グッジョブ）よくできたね。

自分でやりたいという気持ちを大切にしようと、Take your time.（ゆっくりやっていいよ。）などと声をかけながら温かく見守ろうと思うのですが、つい笑顔がひきつることも……！

Try! You can do it!　（やってみたら？　できるよ！）

子どもをポジティブに応援する表現です。生活の中でうまく使って子どものやる気を引き出せたらいいですよね。

日本語で「○○ちゃんならできるよ！」と子どもの名前で言うところは、英語ではふつう you を使います。

英語では　「自分でできる？」＝Can you do it by yourself？

第2章
朝・着替え

プチ QUIZ 下線に入る語を考えてみましょう。

___ ___ your pajamas.　パジャマ脱いで。

Let's put on your pants.　ズボンはこうね。

答え　Take, off

井原家の子育てライフ

朝から大変！

track 11

❖ 毎日同じセリフを繰り返す朝こそ，絶好の英語タイム！

1.

2. Good morning! Time to get up!

3. Did you sleep well? — Yes. Good!

4. Give me a hug! I love you.

5. OK, let's get dressed.

6. What do you want to wear today?

朝・着替え

7 This one, or this one? / This one!

8 Let's take off your pajamas.

9 Put on your socks! / I can't.

10 I can't.

11 OK, I'll help you.

12 Oh, you look nice!

英文の意味

② おはよう！／起きる時間よ！　③ よく眠れた？／うん。／よかった！
④ ギューってして！　⑤ じゃ、お洋服に着替えよう。　⑥ 今日は何着る？
⑦ これ？それともこれ？／これ！　⑧ パジャマ脱ごうね。　⑨ くつ下はいてね。／できないよ～！
⑩ できない。　⑪ わかった，手伝ってあげるから。　⑫ わ，ステキだわ！

① 起きる時間よ

Time to get up! 起きる時間よ。
タイムトゥゲラップ

get upはゲラップとつなげて発音します。

Are you still sleepy? まだ眠い？
アーユースティルスリーピ

📣 Time to get up!　（起きる時間よ。）

「起きる」というと，get upとwake upを習った記憶が……。でも，実はこの2つには大きな違いがあるんです。get upは体を起こすこと。wake upは目を開けて目覚めること。だから，たとえば，まだ自分では起き上がれない小さな赤ちゃんにTime to get up.と言うのが少し変なこと，わかりますか？　でもこの表現，すぐに立ち上がる馬の赤ちゃんになら使えるかも⁉

Are you still sleepy?　（まだ眠い？）

stillは「まだ，いまなお」。Are you still hungry?（まだおなかすいてる？）やDoes it still hurt?（まだ痛い？）など，stillは本当にいろいろな場面で重宝しますので，まずはこのフレーズで使い方をマスターしましょう。

朝・着替え

✽ more phrases ✽

□ おはよう，お寝坊さん。

Good morning, sleepyhead.
グッモーニン スリーピヘッ

sleepyhead（眠い頭）とはおもしろい表現ですよね。いつもより遅く，眠そうに起きてきたお子さんにどうぞ！

□ わ，大きなあくび！

Wow, big yawn!
ワウ ビッグヨーン

「あくび」は yawn。You're yawning.（あくびしているのね。）と動詞にもなります。

□ あ，目が覚めた？

Ah, you're awake?
ア ユアラウェイク

you're は you are を短くしたもの。目を開けた赤ちゃんにはこの表現でやさしくささやきかけてあげましょう。

応用
□ 行く時間よ。
□ 寝る時間よ。

Time to go!
タイムトゥゴウ
Time to go to bed.
タイムトゥゴウトゥベッ

〈(It's) time to＋動詞～.〉は必須マスター表現です。go をつけるだけで，お出かけのとき重宝する表現になりますし，go to bed をつけると寝る前に使える表現になります。それに，ただ Go to bed!（寝なさい！）と言うより，やさしい感じがしませんか？

井原家の子育て diary

　息子は，私が朝の最初の語りかけを英語にするとそのあと英語モードに入り，日本語にすると日本語モードに入ります。今のところ，頭の中に音声切り替えスイッチがあるみたいです。ちなみに私は，いくら英語でがんばって話していても，頭の中はいつもコテコテ日本語モードです。（3歳0ヵ月）

41

② ギューッてして

track 13

Did you sleep well?   よく眠れた？
（ディヂュスリープウェル）

Did you はディヂュとつなげて発音します。

Give me a hug.   ギューッてして。
（ギヴミアハグ）

Did you sleep well? （よく眠れた？）

これも一度覚えれば10年は（？）使えます！

日本語だと私は「眠れた？」と言うので，can の過去形の could を使うのかなと思ったら，Could you sleep? は眠るのが特別難しい事情があったときに使う表現なんですって。たとえば，道路工事がうるさかった夜の翌朝などに使えます。

Give me a hug. （ギューッてして。）

hug というのは抱きしめること。私は朝だけは，どんなに時間がなくても（どんなに嫌がられても……）必ずこの表現を使ってギュッと抱きしめてあげています。

Give me a hug. に慣れたら，Give Daddy a hug.（パパを抱きしめてあげて。）に挑戦！

朝・着替え

✳ more phrases ✳

☐ 今朝はごきげんいかが？

How are you this morning?
ハワユー ディスモーニン

おなじみの How are you? に this morning（今朝）をつけるだけで，変化がつきます！

☐ ママのところにおいで。

Come to Mommy.
カムトゥマーミ

最初は，「『ママのところ』だから Mommy's place かしら？」と真剣に悩んでいたのですが，こんな簡単な表現でいいんですね。

☐ 今日はごきげんね。

You look happy today.
ユールックハーピトゥデイ

ごきげんが悪そうなときは，happy の代わりに grumpy を使ってみましょう。とっさに出てこないときは，unhappy で十分！

応用

☐ チューして。
☐ それちょうだい。

Give me a kiss.
ギヴミアキス
Give me that.
ギヴミダッ

Give me that. は Can I have that? などの類似表現と比べ，あまり丁寧な表現とは言えませんが，急いでパッと言うのに便利です。子どもが危ないものを持ったときなどに使えます。

井原家の子育て diary

最近息子は，理解できる単語の数が増え，Give me the ball.（そのボールちょうだい。）と言うとボールを，Give me the cup.（カップをちょうだい。）と言うとカップを，私にニコニコと渡してくれます。子どもの成長がうれしくて，つい1日中 Give me a hug! を連発しています……。（0歳10ヵ月）

③ お仕事に行っちゃったよ track 14

Are you looking for Daddy?
アーユールッキンフォダーディ
パパ探してるの？

He's gone to work.
ヒズゴーントゥワーク
お仕事に行っちゃったよ。

Are you looking for Daddy? 　（パパ探してるの？）

　look for 〜 は「〜を探す」の意味。
　子どもが何かを探しているように見えたら，What are you looking for?（何を探してるの？）と聞いてみましょう。Your toy?（おもちゃ？），Your socks?（くつ下？）などとつけ足してもいいですね。

He's gone to work. 　（お仕事に行っちゃったよ。）

　「行っちゃった（今ここにいない）」という感じです。いわゆる「完了」を表す表現ですね。
　私は学生時代，完了形で本当に苦労しましたが，こんな表現を使うことによって，子どもには完了の概念を小さいうちから体得させてあげられるんですよね。これも「英語で子育て」の魅力のひとつだと思います。
「習うより慣れろ」とはこのことですね！

朝・着替え

✳ more phrases ✳

☐ パパは朝ごはん食べてるよ。
☐ パパはまだ寝てるよ。

He's eating breakfast.
ヒズィーリンブレックファス
He's still sleeping.
ヒズスティルスリーピン

　2つとも Where's Daddy?（パパはどこ？）と場所を聞かれた場合の答えとしてもごく自然な文です。
　still は p.40の Are you still sleepy? でも出てきましたね。ぜひマスターしましょう！

応用

☐ 電車行っちゃったね〜。
☐ 猫ちゃん, いなくなっちゃった。

The train's gone.
ダチュレインズゴーン
The cat's gone.
ダキャッツゴーン

　「行っちゃった」という感覚が理解しやすく，また gone が発音しやすいせいか，息子はすぐに gone を使うようになりました。

井原家の子育て diary

　英語圏の子どもはパパやママを何と呼ぶのでしょう？　アメリカ人の友人によると，赤ちゃんのときは Dada や Mama，その後4〜6歳くらいまで Daddy や Mommy，その後は Dad や Mom になるケースが多いらしいです。日本では「パパ」「ママ」もかなり普及していますが，Mama という英語はかなりヤボッたいイメージがあるそうです。「おかあちゃん」といった感じかしら。そうは言っても，日本人の私たちが急に自分たちのことを Daddy や Mommy なんて言い出すのは恥ずかしいですよね。呼ばれ方は，やっぱり人それぞれでいいと思います。

4 今日は何着る？

track 15

Let's get dressed.
レッツゲッヂュレス
お洋服に着替えよう。

What do you want to wear today?
ワッドゥユワントゥ　ウェアトゥデイ
今日は何着る？

Let's get dressed. （お洋服に着替えよう。）

「ドレス」は日本語にもなっていますが，dress の動詞の意味は「服を着る，正装する」。裸から，あるいはパジャマから，ふつうの（ちゃんとした）格好になることを言います。

Let's をつけると一緒に手伝う感じ，つけないと「着替えなさい」という感じです。

What do you want to wear today? （今日は何着る？）

wear は「着ている状態」，put on は「着る動作」を表します。

You were wearing a T-shirt yesterday.
（昨日はＴシャツを着ていたね。）

Just a second, I'm putting on my necklace.
（ちょっと待って，ネックレスをつけているところだから。）

朝・着替え

✳ more phrases ✳

- ☐ これ？

This one?
ディスワン

洋服を選ぶとき，This one, or this one?（これ？それともこれ？）という感じで使ってみましょう。パンツやズボンは複数扱いなので These ones? になります。

- ☐ どれ着る？

Which one do you want to wear?
ウィッチワン　ドゥユワントゥウェア

選択肢がいくつかあって，その中から選ぶときはこんなふうに Which を使って言ってみましょう。

- ☐ 着替えようね。

Let's change your clothes.
レッツチェインジュアクロウズ

洋服から別の洋服に着替えるときはこの表現がおすすめです。昼夜の服の区別がない赤ちゃんにも使えます。

応用
- ☐ 何食べたい？
- ☐ 次，何する？

What do you want to eat?
ワッドゥユワントゥ　イート
What do you want to do?
ワッドゥユワントゥ　ドゥー

「何着る？」「何食べる？」「何する？」などは，英語では want to 〜（〜したい）を使うとうまく言い表せます。

井原家の子育て diary

おもしろいことを発見。息子に What で始まる質問をすると必ず何か答え（らしきこと）を言い，Where で始まる質問をすると必ずどこかを指差します。もう What と Where の概念を理解しているのかしら……。（1歳2ヵ月）

⑤ パジャマ脱いで

track 16

Take off your pajamas. パジャマ脱いで。
テイコフユアパジャーマズ

Let's put on your pants. ズボンはこうね。
レッツプロンユアパーンツ

Take off your pajamas. （パジャマ脱いで。）

　　Take your pajamas off. の語順でも OK。

　　パジャマはたとえ上着だけ，あるいはズボンだけでも，s をつけて pajamas と言います。つまり，pajama にはとにかく s をつけておいたほうがよさそう……。あえて上着，ズボンと言いたいときは，それぞれ a pajama top や pajama bottoms と言います。ズボンは脚が入る部分が2本あるからいつも複数（bottoms）なんですって。

Let's put on your pants. （ズボンはこうね。）

　　Let's put your pants on. の語順でも OK。

　　英語だと「シャツを着る」も「ズボンをはく」も「帽子をかぶる」も「めがねをかける」も「メーキャップをする」も，み～んな put on で OK なんです。

✴ more phrases ✴

☐ じっとして。

Hold still.
ホウルスティル

　　still はp.40とは違い,「じっと静止して」という意味です。動詞とくっついて Sit still.（じっと座っていて。）などのように使われます。

☐ 足あげて。

Lift up your leg.
リフタッピュアレッグ

　　着替えを手伝うときの便利表現。

☐ ボタンはずそうね。

Let's unbutton it.
レッツァンバタニッ

　　「ボタンをかけようね。」は Let's button it. button 自体が動詞になるなんて驚きです。it はシャツやベビードレスなど，ボタンのついている衣類を指しています。

応用
☐ くつ脱いで。
☐ くつ下脱いで。

Take off your shoes.
テイコフユアシューズ
Take your socks off.
テイキュアソックソフ

　　off の位置は上のどちらでも OK。
　　くつ片方は a shoe，両方で shoes。息子は間違えませんが，私はいまだに片方のくつを「シューズ」と言い間違えてしまいます。

井原家の子育て diary

　　「ズボン」のことを，米語では pants，英語では trousers（チュラウザーズ）と言います。息子は「ズボン」「pants」「trousers」の３つとも覚えて使っているので,「子どもってスゴイなー」と思ってしまいます。先日，お風呂上がりに私が「パンツはいて。」と言うと息子はズボンをはき始めました。「違うよ！　アンダーパンツだよ。」と説明しましたが，ちょっとややこしいこともあります……。（２歳８ヵ月）

6 顔や手を洗いに行こう　track 17

Let's go wash up.　レッツゴウワシャップ　顔や手を洗いに行こう。

wash up はワシャップとつなげて発音します。

Use some soap.　ユーサムソウプ　せっけんつけて。

📣 Let's go wash up.　（顔や手を洗いに行こう。）

　　　wash up は手や顔などをきれいに洗うこと。
　　　go と wash up の間に and が省略されています。口語ではこのように and を省略して，〈go ＋動詞〉で「～しに行く」という意味を表すことがよくあります。
　　　Let's をつけると，一緒に行って子どもを手伝うという感じが出ます。

Use some soap.　（せっけんつけて。）

　　　soap（せっけん）は，液体ソープの場合でも固形せっけんでも some か the をつければ OK ！　わが家ではボトルに入った液体ソープを使っていて，いつも some soap と言っています。
　　　大きいお子さんには，Did you use soap?（せっけんつけて洗った？）もおすすめです。

✳ more phrases ✳

☐ お水出して。

Turn on the water.
トゥーノンダウォーター

　Turn the water on. の語順でも OK。turn on はテレビや明かりをつけるときにも使えます。「とめる」「消す」は turn off。(→p.134参照)

☐ きれいになった？

Are you nice and clean?
アーユーナイサンクリーン

　英語圏のパパ&ママはよくこんなふうに形容詞の前に nice and をつけます。これで「いい感じに」といったニュアンスが出ます。

☐ おててふいてあげる。

Let me wipe your hands.
レッミワイピュアハンズ

　wipe は「汚れなどをぬぐうようにふく」。日本語だと「～してあげる」という言い方をよくしますが，英語圏のパパ&ママは，よく Let me ～.（私に～させて。）を使います。
(→p.126参照)

応用

☐ 遊びに行こう！
☐ 探しに行こう！

Let's go play!
レッツゴウプレイ
Let's go find it!
レッツゴウファイディッ

　息子は，おもちゃが見当たらないと，よく Let's go find it! を使って，私を子ども部屋に連れて行きます。一応 Let's をつけてはいますが，自分で探す気などありません……。

Are you nice and clean?

Yes!

51

7 牛乳とお茶どっちがいい？ track 18

> **Want some breakfast?** 朝ごはん食べる？
> ワンサムブレックファス

> **You want milk or tea?**
> ユワンミウク オアティー
> 牛乳とお茶どっちがいい？

Want some breakfast? （朝ごはん食べる？）

　　Do you want ～？の Do you が省略されています。
　　人に食べ物をすすめるときは Would you like ～？（～はいかがですか。）を使うと習ったような気もしますが，Would you like ～？はとても丁寧な表現。実際には英語圏のパパ＆ママは，もっとカジュアルな表現で子どもに何がほしいか聞くことが多いんですって。

You want milk or tea? （牛乳とお茶どっちがいい？）

　　これも Do you ～？の Do が省略されています。or を使うとこんなふうに簡単に，どちらがほしいか聞くことができます。状況がはっきりしているときは，You want も省略して，単に Milk or tea? という言い方もアリ。英語って意外に簡単ですね！
　　juice（ジュース）や water（水）などを入れて聞いてもいいですね。

朝・着替え

✳ more phrases ✳

□ 朝ごはん何がいい？

What do you want for breakfast?
ワッドゥユワン　フォブレックファス

　breakfast を lunch（昼ごはん），dinner（夕ごはん）に変えて応用しましょう。

□ 急いで。もうすぐ行かなきゃいけないよ。

Come on. We have to go soon.
カモン　　ウィハフトゥゴウスーン

　soon は「もう少ししたら」という感じ。もっと時間がない場合は We have to go now. で表します。

□ おっぱい飲む？

You want some milk?
ユワンサムミウク

　母乳のことは breast milk（breast は「胸」）と言いますが，子どもに向かって使う「おっぱい」のような言い方は特にありません。粉ミルク（formula）のときも単に milk で OK。

【応用】

□ トーストにバターとジャムどっちつける？

You want butter or jam on your toast?
ユワンバラオアジャム
オンニュアトウスト

□ ヨーグルトとヤクルトどっちがいい？

You want yogurt or Yakult?
ユワンヨウガート　オアヤクルト

　子どもは〈A or B?〉の質問はすぐに理解します。また，返答もしやすいので，初めて成立する親子の英会話がこのパターンという方も多いはずです。

井原家の子育て diary

　パンはみんな bread でいいのかと思っていたら，bread はおもに食パンのことを指すんですね。ロールパンは a roll，小さな丸いパンやハンバーガー用の小型パンは a bun と言います。また，トーストしたパンは toast になります。息子に「パン食べる？」と聞くときは，いつも考えてしまいます。

8 忘れ物ない？

track 19

Do you have everything? 忘れ物ない？
（ドゥユハヴエヴリスィン）

ないよ。

Have fun! 楽しんできてね。
（ハヴファン）

Do you have everything? （忘れ物ない？）

英語には,「忘れ物」に相当する単語はないようで,「あなたはすべて持っていますか？」と, こんな言い方をします。

主語をIに変えると,「忘れ物はないかしら」と自分に問いかける表現。

everythingの部分をいろんな単語に変えれば, それぞれの持ち物について確認できます。右ページの「応用」で練習してみてください。

Have fun! （楽しんできてね。）

英語には「行ってらっしゃい。」という決まった言い方がないので, 人によって送り出すときの表現はいろいろです。Have fun! や See you later!（またあとでね！）などを使う人が多いようです。慣れてきたら日によって変えてみても, バリエーションがついて楽しいかもしれません。一日の始まりには, 元気よく大きな声で送り出してあげたいですね。

朝・着替え

✲ more phrases ✲

☐ パパに「行ってきます」って言って。

Say "Good-bye." to Daddy.
セイグッバイトゥダーディ

実はこの表現，「行ってきます。」「行ってらっしゃい。」のどちらの意味にもなります。英語ではこのような決まった言い方がないので，ふつうに別れるときと同様 See you later.（あとでね。）や Bye.（バイバイ。）などを使います。

☐ 3時に迎えに行くね。

I'll pick you up at three.
アイルピッキュアッパッスリー

pick you up で「あなたを迎えに行く」。最近では日本語でも「ピックアップする」なんて言いますよね。
「〜時に」と言うときは at を使います。

応用
☐ お弁当持った？
☐ ハンカチ持った？

Do you have your lunch?
ドゥユハヴユアランチ
Do you have your handkerchief?
ドゥユハヴユアハーンカチフ

「お弁当」は単に your lunch と言います。your をつけることに注意しましょう。つけ忘れると，「あなたは（ふつう）昼食を食べますか？」という意味になってしまいます。

井原家の子育て diary

　物忘れの激しい私は，出かけるときも，ドアの鍵をかけつつ「あっ，あれ忘れた！」なんてことがよくあります。こんな母親と暮らしているため，息子は早くから Did you forget something?（何か忘れちゃったの？）という表現を覚えました。そして最近では，私が忘れ物に気づく前に Do you have everything?（忘れ物ない？）と確認してくれるようになりました。本来，私のセリフだったはずですが……。（2歳9ヵ月）

カオリの 英語で子育て進行中！
子どもの意思を聞くカンタン表現

■型破り？　いえいえ，実はよく言うんです

まずクイズです。「牛乳飲む？」って，英語では何と言ったらいいでしょう？

え〜っと，「飲む？」は「飲みたいですか？」ってことだから Do you want to drink 〜？　あ，でも Would you like to 〜？のほうが丁寧なんだっけ。牛乳はコップ1杯だから a cup of milk にして……。

　　　ウジュライクトゥドゥリンク　アカップオブミウク
　　Would you like to drink a cup of milk?

大正解！　非の打ちどころのない英文です。

でも，英語ネイティブのパパやママは，実際には次のように言うことが多いんですって。

　　　ワンサムミウク
　　Want some milk?（牛乳いる？）

たったの3語。Would you like to 〜？どころか，Do you want some 〜？の Do も you も消えてしまっています。いきなり want から始まるなんて型破り？　いえいえ，実際にはカジュアルな場面で使われるんです。

■バリエーションをいろいろつけて

子どもには，食べ物や飲み物について聞くことが多いですよね。私のアメリカ人の友人も，よくこのような簡単な表現を使います。

　　　ワンサムケイク
　　Want some cake?（ケーキいる？）
　　　ワンサムライス
　　Want some rice?（ごはんいる？）

このように，日常会話ではカジュアルな言い方がよく使われますが，私は子どもにいろいろな表現のバリエーションを聞かせてあげたいので，カジュアルな言い方だけでなく，丁寧な言い方も心がけています。いろいろな表現を使って，親のほうも語りかけを楽しめたらいいですね。

Do you want some yogurt?（ヨーグルト食べたい？）
Would you like some fruit?（くだものはいかが？）

■いつもsomeがいるの？

　さて、私たち日本人にとって悩ましいのが、someとaの区別。

　まず、クッキーやいちごなど数えられる名詞で、一度にたくさん食べるものについては複数形にして言いましょう。

You want some strawberries?（いちご食べる？）

逆に、一度に食べるのがひとつとだわかっているときは、aになります。

You want a banana?（バナナ食べる？）

また、「AとB、どっちがいい？」と聞くときも、someはいりません。

You want juice or milk?（ジュースと牛乳どっちがいい？）

　someは「いくらか」や「少し」といった量を表す単語です。AかBかを聞く文では、聞きたいのは種類であって量ではないのでsomeをつけないのです。気をつけましょうね。

　まずはシンプルな型を覚えて、応用していけたらいいですね。

ステップアップ表現 (track 20)

早く起きすぎた子に

☐ え，もう目が覚めちゃったの？	Ah, are you awake already?
☐ まだ早いよ。	It's still too early.
☐ もう少し寝ようよ。	Let's go back to sleep.

起きてきた子に

☐ 自分で起きたの？	Did you get up all by yourself?
☐ かわいいお顔見せて。	Show me your cute little face.
☐ いっぱい寝ていい子ね。	Good boy! You slept a lot.

おねしょ

☐ おねしょしちゃったの？	Did you have an accident?*
☐ ベッド濡らしちゃった？	Did you wet your bed?
☐ 大丈夫だよ。	That's OK.

＊ have an accident は遠まわしな表現。wet your bed とも言う。

着替え

☐ バンザイして。	Put your arms up.
☐ 頭がひっかかっちゃったね！	Oh, your head's stuck!
☐ うしろと前が逆だよ。	It's on backwards.
☐ ママにつかまって。	Hold on to Mommy.

第3章

外出

プチ QUIZ 下線に入る語を考えてみましょう。

Share. 一緒に仲良く使って。

Play _____ . 仲良く遊んでね。

答え nicely

井原家の子育てライフ
お出かけの準備オッケー!?

track 21

❖ お出かけ前は，忘れ物がないかいつもチェック！

1 It's nice today. Let's go out!

2 OK! 準備万端ね

3 Put on your shoes.

4 Do we have everything? えーと

5 Yes! カンペキッ

外出

Ready to go?

Yes!

Wait a minute.

I have to lock the door.

Oops!　I forgot the key!

英文の意味
① 今日はいい天気よ。／お外に行こう！　② オッケー！　③ おくつはいてね。
④ 忘れ物ないかな？　⑤ うん！　⑥ 準備オッケー？／うん！
⑦ ちょっと待ってね。／鍵をかけなきゃ。　⑧ あら！　鍵忘れちゃった！

1 今日はいい天気よ

It's nice today! 今日はいい天気よ。
（イッツナイストゥデイ）

Let's go out! お外行こう！
（レッツゴウアウッ）

It's nice today! （今日はいい天気よ。）

「いいお天気」ってniceでいいんですね。こんな簡単な表現なら、晴れた日は必ず使いたくなりませんか？

niceよりももっとオーバーに「わあ～、とってもいいお天気ね～。」と心から言いたいときは、It's a lovely day today! や It's a beautiful day today! になります。いろんなバリエーションが使えると楽しいですよね。

Let's go out! （お外行こう！）

「外に出る」はシンプルに go out です。散歩をしたり公園に行ったり買い物をしに行ったりするとき重宝します。

家での遊びに飽きたようなとき、You want to go out?（お外行く？）とお子さんの意見を聞いてみるのもいいですよね。きっと Yes!（うん！）という元気な答えが返ってくるはず。

外出

✳ more phrases ✳

☐ お外見て。

Look outside.
ルッカウサイ
「窓から外の様子を見て。」という感じです。

☐ 雨が降ってきそうだよ。

It looks like it's going to rain.
イッルックスライキッツゴイントゥレイン
ちょっと長いですが，雨が降りそうな日はこれを手に書いて何度も言ってみてください。意外と覚えられるものです！

☐ お日さまはどこかな？

Where is the sun?
ウェアリズダサン
曇りや雨の日に，私が息子を抱き，窓辺でこんなふうに問いかけると，息子は決まってNowhere.（どこにもないよ。）と答えました。

応用

☐ 今日は曇ってるよ。
☐ 今日はすごく風が強いよ。
☐ 今日は雨だよ。
☐ 今日は雪だよ。

It's cloudy today.
イッツクラウディトゥデイ
It's so windy today.
イッツソウウィンディトゥデイ
It's raining today.
イッツレイニントゥデイ
It's snowing today.
イッツスノウイントゥデイ

〈It's ～ today.〉で，いろいろな天気について言えますね。毎日外を見ながら英語で語りかけてあげられたらいいですね。

井原家の子育て diary

息子が生まれて初めてお天気について言った言葉はRaining! でした。散歩に出ようと外に出たら雨が降り出し，息子が必死にそれを私に教えようとRaining! Raining! と繰り返したのです。rainではなく，rainingと言ったことが印象的でした。（1歳9ヵ月）

2 ベビーカーに乗って

track 23

Get in your stroller.
ゲッインニュアストゥロウラー
ベビーカーに乗って。

Ready to go? 準備オッケー？
レディトゥゴウ

Get in your stroller. （ベビーカーに乗って。）

「ベビーカー」は和製英語。アメリカでは stroller，イギリスでは，特に赤ちゃん用の大きいものは pram と言う人が多いです。学校では習わなかった単語でしょ？　英語がバリバリできる社会人でも，こういう表現は案外知らなかったりしますよね。

get in はベビーカーに乗るときもふつうの車に乗るときも使えます。

自力で乗れない赤ちゃんには最初に Let's をつけて言ってあげましょうね。

Ready to go? （準備オッケー？）

Are you ready to go?（行く準備はできてる？）を短くした形です。もっと軽く Ready?（準備できた？）だけでも OK。

答えるときは Ready! や Yes! などになります。

外出

✻ more phrases ✻

☐ 自転車で行く？

You want to go by bike?
<ruby>ユワントゥゴーバイバイク</ruby>

口語では「自転車」は bike が一般的。「バイク」のことは motorbike と言います。でも，bike はときどきバイクも指すので，ネイティブどうしでも話が混乱するんですって。

☐ ベルトしようね。

Let's buckle up.
<ruby>レッツバクラップ</ruby>

fasten（〈ベルトなど〉を締める）を使って Let's fasten your seat belt. も使えます。

☐ ベビーカーに乗せてあげるね。

Let me put you in your stroller.
<ruby>レッミプッチュインニュアストゥロウラー</ruby>

Let me 〜. は「私に〜させて」。（→p.126参照）

応用
☐ 車に乗って。
☐ （湯船に）入って。

Get in the car.
<ruby>ゲッインダカー</ruby>
Get in (the bath).
<ruby>ゲッイン（ダバス）</ruby>

車や湯船など狭い空間に入り込むようなときには get in が使えます。

「車」は，英語の場合，前につけるのが a, the, our のどれなのか悩みますよね。ふつうは the が一番自然。Get in our car. だと，「（ほかの人のではなくて）うちの車に乗って。」という意味になってしまいます。

井原家の子育て diary

海外旅行をしたとき，シンガポールの空港の搭乗口で Leave your stroller and baby car here.（ストローラー，ベビーカーはこちらに置いてください。）という手書きの案内を見ました。「なんだ，baby car も正しい英語なのか！」と思ったら，なんと stroller だけでは通じない日本人への配慮とのことでした。

3 信号青だよ

The light's green. 信号青だよ。
（ダライツグリーン）

Let's cross. じゃ渡ろう。
（レッツクロス）

The light's green. （信号青だよ。）

信号機は(traffic) light といいます。日本では「進め」は「青信号」のときですが，英語では「青信号」は green light です。ちょっと混乱しそうですよね。息子は2歳半ごろまで，日本語で話しているときでも「あ，みどりだ。」と英語式に言うことがありましたが，そのうち直りました。The light is green. でも OK ですし，もう少し簡単に It's green. でもいいですね。

Let's cross. （じゃ渡ろう。）

cross は「横切る，渡る」。私は最初，Let's cross the street. と言っていましたが，英語ネイティブの友人に聞くと，ふだんその場で言うときには Let's cross. だけで十分とのことでした。

息子は，日本語で「渡ろう。」と言うより cross のほうが発音しやすかったのか，この表現はすぐに使い始めました。

外 出

✳ more phrases ✳

☐ 危ない！

Watch out!
ワッチャウ

車が急に来たとき，頭を何かにぶつけそうになったとき，転びそうになったときなどに使えます。
Watch out for cars.（車に気をつけて。）

☐ 気をつけて。

Be careful.
ビーケアフォー

小さいお子さんをお持ちの方は，外に出たときはこの表現を連発するのではないでしょうか。

☐ 「赤」は「止まれ」よ。

Red means STOP.
レッミーンズスタップ

mean は「～を意味する」。
息子がまだ赤ちゃんのころ，横断歩道でよくこんなふうに話しかけました。

応用
☐ あ，赤になるよ。
☐ 止まって！　赤よ。

Oh, it's turning red.
オウ　イッツトゥーニンレーッ
Stop! It's red.
スタップ　イッツレーッ

「赤になる」などの「なる」は turn で表せます。「青になるまで待とうね。」は Let's wait until it turns green. となります。

Oh, it's turning red.

67

4 あ，あのお花見て！

track 25

Oh! Look at the flowers!
オウ ルッカッダフラーワズ
あ，あのお花見て！

They are so pretty, aren't they?
デイアーソウプリティ アーンデイ
とってもきれいだね。

Oh! Look at the flowers!　（あ，あのお花見て！）

　see が何かが「（自然に）見える」ときに使うのに対し，look は何かを「（見ようとして）見る」ときに使います。英語ネイティブのママは see も look もとてもよく使います。Look!（見て！），Look at that!（あれ見て！），Can you see it?（見える？）といった具合です。

They are so pretty, aren't they?　（とってもきれいだね。）

　「きれい」というと，まず beautiful が浮かびますが，beautiful は華やかな美しさを表現する単語。道ばたのかわいらしい花には pretty がピッタリです。

　aren't they をつけると念を押すニュアンスが出ます。「〜だよね」という感じ。クエスチョンマークがついてますが，尻下がりのイントネーションで言って OK。It's で始まる文の場合は，isn't it? をつけます。

外　出

✴ more phrases ✴

☐ 見て！　消防車！

Look!　A fire engine!
ルック　アファイヤレンジン

Look! は「見て！」という感じです。
消防車は a fire truck でも OK です。「パトカー」なら police car ですね。

☐ 上見て！　飛行機！

Look up there!　An airplane!
ルカップデア　アネアプレイン

up と down も子どもが早くから理解する言葉だと思います。Look up there! と言いながら上を指差せば，説明はいりませんよね。

☐ ママのこと見て。

Look at Mommy.
ルカッマーミ

息子がまだ寝返りも打てないころ，キョロキョロと違うところばかり見る彼と視線を合わせたくて，よくこんなふうに言いました。

応用

☐ お月さま見て。
☐ 信号見て。

Look at the moon.
ルカッダムーン
Look at the light.
ルカッダライ

月も信号もこんなふうに the をつけます。
月を見るたび私はこのフレーズを使ってきましたが，いつしかこれは息子のお気に入りのセリフになっていました。

井原家の子育て diary

今日，公園を散歩していると息子が Mommy, look at that! There's a mouse!（ママあれを見て！　ネズミがいる！）と言います。ビックリして近寄って見ると，なんと 1 枚のふんわりとしたハトの羽根でした。生まれて初めて鳥の羽根を見た子どものおもしろい反応でした。（2歳3ヵ月）

5 わんわん好き？

track 26

Ah, there's a dog.
ア デアザドッグ
あ、わんわんがいるよ。

Do you like dogs?
ドゥユライクドッグズ
わんわん好き？

Ah, there's a dog. （あ、わんわんがいるよ。）

there's は there is を短くした形。犬を見て Dog!（犬！）と言うだけでは何ともさびしいですが、最初に There's a をつけるだけで、急にいきいきとしたネイティブの表現になります。犬に気づいていないお子さんに「犬がいるよ。」と教えてあげましょう。あとにくる単語が複数形の場合は、There're に変えましょう。

Do you like dogs? （わんわん好き？）

Do you like ～? の質問は、簡単なうえに、いろいろな単語を教えるときに便利な表現です。

ただひとつ注意したいのは、数えられる名詞のときはふつう複数形になることです。たとえば、「猫」なら cats、「車」なら cars、「ニンジン」なら carrots、「リンゴ」なら apples になります。

外　出

✳ **more phrases** ✳

☐ ハトさんがいるよ。

There're some pigeons.
デアラサムピジョンズ

「ハト」を指す単語には，もうひとつ dove（ダヴ）もあります。最初はどちらを使っていいか迷いました。dove は pigeon より小さめのハトを指し，平和の象徴としての「ハト」を表すときも使います。

☐ あ，救急車だ。

Ah, there's an ambulance.
ア　デアザンアンビュランス

机の上でテキストを見ながら勉強するより，ピーポーピーポーと走る実物を見ながら ambulance と覚えるほうがいいと思いませんか。

応用

☐ 電車好き？
☐ ハンバーガー好き？

Do you like trains?
ドゥユライクトゥレインズ
Do you like hamburgers?
ドゥユライクハンバガズ

「～は好き？」と聞くとき，牛乳などの飲み物には s をつけなくて大丈夫です。また，cake（ケーキ），cheese（チーズ），bread（パン），rice（ごはん）などにも s はつけません。

井原家の子育て diary

息子はめがねを指差して Is it ～？とは，今は決して言いません。ちゃんと Are these ～？や Are those ～？などを使います。私は「めがねは常に複数扱い」と頭ではわかっているのですが，いまだについ It's ～．と言ってしまいます。Do you like ～？というときも，息子は trains, bananas, strawberries と正しく s をつけて言いますが，私はときどき間違えてしまいます。どうしてこんな子どもにできることが私にはできないのかなあ。（2歳4ヵ月）

6 すべり台で遊ぶ？

You want to play on the slide?
ユワントゥプレイオンダスライ
すべり台で遊ぶ？

Come down! 降りておいで～！
カムダウン

📢 You want to play on the slide?　（すべり台で遊ぶ？）

　「スライド」は日本語にもなっていますが基本的な意味は「すべる」。「すべり台」もそのまま slide です。ちなみに「引き戸, スライドドア」は sliding door です。「すべり台で遊ぶ」は play に on をつけて play on the slide。

　「すべり台」とか「ブランコ」とか「砂場」とか, 英語ネイティブだったら子どもでも知ってる単語を意外に知らないものだと思いませんか？

Come down!　（降りておいで～！）

　すべり台のスロープの下のところで待ちながら,「おいで～」と声をかける感じです。

　come に down をつけるだけで,「降りてくる」と, 下の方向への動きの意味が加わるんですね。

外　出

※ **more phrases** ※

☐ （すべり台の）階段登れる？

Can you climb up the steps?
キャニュクライマップ　ダステップス

「階段」と言うと stairs を思い出す人もいるかもしれませんが，屋内ならふつう stairs，野外ならふつう steps と覚えておくといいかもしれません。

☐ しっかりつかまって。

Hold on tight.
ホウルドンタイ

歌によく出てくる Hold me tight.（私を強く抱いて。）のフレーズをごぞんじの方も多いのでは？
　tight は「しっかりと」。
鉄棒やブランコで遊んでいるときに役立つ表現です。

応用
☐ ブランコで遊ぶ？
☐ 砂場で遊ぶ？

You want to play on the swing?
ユワントゥプレイオンダスウィン
You want to play in the sandbox?
ユワントゥプレイインダサンバックス

すべり台やブランコで「遊ぶ」は play on ～ですが，「砂場」の場合は砂場の「中で」遊ぶわけなので，on を in に変えれば OK。
　わが家ではプラスチック製のふた付きミニ砂場をベランダに置いていますが，やはりあれも sandbox なんですって。イギリス人の友人は「砂場」を sandpit と呼びます。

井原家の子育て diary

　最初，公園で英語を使うとき，かなり勇気がいりましたが，もともと図々しい性格のためか，使い始めたら 3 日で慣れました。私が英語をしゃべっていると，ときどき，英語を習っている小学生が一生懸命英語で話しかけてきてくれます。みんな英語を話す機会をほしがっているんだなあと思います。

7 仲良く遊んでね

track 28

> Share. （シェア）一緒に仲良く使って。

> Play nicely. （プレイナイスリ）仲良く遊んでね。

Share. （一緒に仲良く使って。）

　たったひとつの単語で「（半分ずつ）分け合ってね」や「一緒に使ってね」という意味になります。最近は日本語でも，部屋などを「シェアする」なんていう言い方をしますよね。

　2人のお子さんがひとつのおもちゃやお菓子を取りっこしているときなどには，一言 Share! と言ってみましょう。便利ですね！

Play nicely. （仲良く遊んでね。）

　お友達に対してきちんとマナーを守って仲良く遊ぶという意味です。いたずらざかりの小さな子どもに集団生活のマナーを教えるのにとても便利な表現です。

　nicely という副詞は，ほかの場面でも応用できます。右ページの応用表現を見て練習してみてくださいね。

外 出

✳ more phrases ✳

☐ お友達のおもちゃ取らないで。

Don't take your friend's toy.
（ドンテイキュア　フレンズトイ）

　ここでの take はおもちゃなどをつかんで取り上げることを表します。

　out of his〔her〕hand をあとにつけて、「○○ちゃんの手から」という意味をプラスすることもできます。

☐ 順番よ。

Take turns.
（テイクトゥーンズ）

　turn はここでは「向きを変える」ではなく「順番」という意味。It's my turn. だと「私の番よ。」です。

応用
☐ きちんと食べて。
☐ きちんと丁寧にお願いして。

Eat nicely.
（イーッナイスリ）
Ask nicely.
（アスクナイスリ）

　nicely は「きちんと」あるいは「マナーよく」という意味になります。動詞に nicely をつければいいので簡単ですね。

　息子はよく Mommy! Open it! Open it!（ママ，開けてよ！）と叫ぶので，そんなときは Can you ask nicely?（丁寧にお願いしてくれる？）と返しています。

井原家の子育て diary

　お昼に作った茹で野菜をどうしても食べたくなかった息子は，何を思ったかゴンベ（犬）のお皿に自分の野菜を少し乗せ，Mommy, I shared my food with Gombe.（ママ，ぼくゴンベに食べ物分けてあげたよ。）と私にほこらしげに説明しました。ほめるべきなのかしかるべきなのか悩みました。（2歳10ヵ月）

8 遅くなっちゃうよ

track 29

Time to go home. おうちに帰る時間だよ。
（タイムトゥゴウホウム）

It's getting late. 遅くなっちゃうよ。
（イッツゲリンレイッ）

Time to go home. （おうちに帰る時間だよ。）

　p.40 に出てきた Time to get up.（起きる時間よ。）と同じ形ですね。
　go home で「おうちに帰る」。Let's go home!「おうちに帰ろう！」や You wanna go home?「おうちに帰りたい？」もあわせて使ってみてください。

It's getting late. （遅くなっちゃうよ。）

　It's late. だと「もう遅いよ。」ですが，getting を使うと「だんだん〜になってきた」という感じを出せます。
　たとえば，Are you getting hungry? だと「おなかが（ちょっと）すいてきた？」という感じ，Are you getting sleepy? だと「ちょっと眠くなってきたかな？」という感じになります。getting を入れるだけで，動きのある表現になりますね。

外 出

✱ more phrases ✱

☐ ちょっとお買い物しよう。

Let's go to the store.
レッツゴウトゥダストア

スーパーでもコンビニでもドラッグストアでも，この表現でOK！ 難しく考えず，シンプルな表現を使いこなしましょう！

☐ ママ行っちゃうよ！

Mommy's leaving!
マーミズリーヴィン

これは，なかなか帰りたがらない息子に向かって私がちょっと意地悪く言うセリフです。Mommy's は Mommy is の短縮形です。

応用

☐ 寒くなってきたよ。
☐ 暗くなってきたよ。

It's getting cold.
イッツゲリンコウル
It's getting dark.
イッツゲリンダーク

夕方になって肌寒くなってきたときに，It's getting cold. や It's getting chilly. が使えます。chilly は cold ほど寒くはないけれど「うすら寒い」状態を指します。

井原家の子育て diary

息子は一時期，私と話すときにも日本語を多く使っていましたが，最近は私には英語を使うことが多いようです。先日，少しずつしぼんでいく風船について，息子が getting を使って言った文をご紹介します。

Who made this balloon small? It was very big, but it's getting smaller and smaller. It's shrunk!（だれがこの風船を小さくしたの？ すごく大きかったのに，だんだん小さくなってる。縮んじゃった！）

big や small といった単語は早くから使っていましたが，getting smaller を使ったのはこれが初めてです。
（2歳8カ月）

77

英語あそび！ これな〜んだ！

track 30

子どもはゲームが大好きですよね。ペンと紙さえあれば、簡単にできる楽しいゲームをご紹介しましょう！

① Let's play a guessing game!
レッツプレイアゲッスィンゲイム
当てっこゲームしようよ！

なんだろう？

絵は最初から全部は描きません。
guess は「見当をつける、言い当てる」。

② What's this?　これな〜んだ！
ワッツディス

③ Can you guess?　わかるかな？
キャニュゲッス

少しずつ線を描き足していき、途中で What's this? と聞いてみます。

④ Apple!
アポー
りんご！

お子さんに英語で答えてもらいたいときは、
English please. と言ってうながしましょう。

英語あそび

⑤ **No. Guess again!** 残念。もう一度当ててね！
　ノー　ゲッサゲーン

⑥ **Cherries!**
　チェーリズ
　さくらんぼ！

さくらんぼが2つ描かれているので，cherryの複数形cherries。

⑦ **That's right!**
　ダッツライ
　当たり！

> **ポイント**
>
> ★ゲームの時間は親子の愛情たっぷりの時間！
> 　どんなに忙しいパパやママも，ゲームのときだけは面倒なことを忘れ，お子さんと楽しむことに集中してくださいね。
>
> ★正解が意外なものになると楽しくなります！
> 　月（moon）だと思ったものが，バナナ（banana）になったり，帽子（hat）が車（car）になったりすると，お子さんはきっと大喜びです。描き始めのイラストを工夫してみるといいですね。

ステップアップ表現 track 31

家の鍵をかける

☐ 鍵かけられる？	Can you lock the door?
☐ その穴に入れて回すんだよ。	Put it in the hole and turn it.
☐ 鍵を開けよう。	Let's unlock it.

エレベーター

☐ 下に行くボタン押して。	Push the down button.
☐ はい，乗るよ。	OK, let's get in.
☐ 1階押して。	Press One.

車

☐ 車に気をつけてね。	Watch out for cars.
☐ あ，車(一台)来てるよ。	Ah, a car's coming!
☐ 今日は車に乗ってお出かけだよ。	We're taking the car today.

スーパーで買い物

☐ カートに乗る？	You want to get in the cart?
☐ だめ，それ触らないで！	No! Don't touch that!
☐ 今日はそれは買わないよ。	We're not buying that today.
☐ もとの場所に戻して。	Put it back where it was.
☐ お金払いに行こう。	Let's go and pay.

第4章 家の中

プチ QUIZ 下線に入る語を考えてみましょう。

It's _____ in here!　散らかってるねえ。

Let's clean up!　片づけよう！

答え：messy

井原家の子育てライフ
ママは片づけ上手!?

track 32

❖ 散らかった部屋も，英語を使ってあっという間にキレイに!?

1

What are you doing?

2

**Oh, my.
It's messy in here!**

3

Let's clean up!

家の中

4 Put this in the box.
Thank you.

5 Put this in the trash.
Thank you.

6 Good job!
All finished!

7 Mommy, move please!

8 Oops, sorry.

英文の意味
1 何してるの？ 2 あらら。散らかってるねえ。 3 片づけよう！
4 これその箱に入れて。／ありがとう。 5 これゴミ箱に入れて。／ありがとう。
6 がんばったね！／おしま〜い！ 7 ママ、どいてちょうだい。 8 あら、ごめんね。

1 クレヨンひとつ取って track 33

Let's draw a picture. お絵描きしよう。
レッツデュローアピクチャー

drawはドローよりもデュローに近い発音です。

Hand me a crayon, please. クレヨンひとつ取って。
ハンミアクレイヨン　プリーズ

Let's draw a picture. （お絵描きしよう。）

　　draw はえんぴつやクレヨンでお絵描きをするときに使います。それに対して，paint は絵の具を使うときに使います。

　　picture の代わりに flower（花），car（車）や star（星）など具体的なものを入れても OK。ちなみに，picture は「写真」の意味もありますが，この場合は「絵」のこと。

Hand me a crayon, please. （クレヨンひとつ取って。）

　　Hand me a crayon. や Give me a crayon. というと，クレヨンが子どもの近くにあって「それを手渡して」という感じ。一方，get を使うと，クレヨンが子どもからも少し離れたところにあり「それを取って（きて）くれない？」というニュアンスが出ます。

　　Can you get me a crayon? と言ってみてもいいですね。

家の中

✳ more phrases ✳

☐ 何色がいい？

Which color do you want?
ウィッチカーラドゥユワン

　色紙やクレヨンの色を選ばせるときに便利な表現です。子どもが反応しないときは，Red?（赤？）や Blue?(青？) などと言ってみてください。

☐ 楽しいね。

It's fun, isn't it?
イッツファン　イズニッ

　p.68でもやりましたが，後ろに isn't it? をつけると，念を押したり同意を求めるニュアンスが出ます。ひとまとまりとして覚えてしまいましょう！

応用

☐ のり取って。
☐ はさみ取って。

Hand me the glue, please.
ハンミダグルー　プリーズ
Hand me the scissors, please.
ハンミダスィザズ　プリーズ

　工作用の「のり」はふつう glue と言います。
　工作用ボンドも同じく glue，ちょっと強い瞬間接着剤は super glue と言うそうです。
　「はさみ」（scissors）はひとつでも複数扱いする（刃が２つあるため）やっかいな単語です。

井原家の子育て diary

　Hand me a crayon. という短い簡単な文も，文の構造を考えると，実は目的語（昔習いましたね〜）を２つとる文になっています。息子はおそらく Give me a kiss.（私にキスをちょうだい。）といった文で最初にこの型を理解し，その後 Get me the train.（ぼくにその電車を取って。）や Show me that.（ぼくにそれを見せて。）など，同じ型の文を自作し，話すようになりました。子どもは，自分で文型のルールを発見していく能力を持っているようです。

2 散らかってるねえ

It's messy in here! 散らかってるねえ。
（イッツメスィーインヒア）

clean upはクリーナップとつなげて発音します。

Let's clean up! 片づけよう！
（レッツクリーナップ）

It's messy in here! （散らかってるねえ。）

同じ「汚い」でも，messy は物が散らかっている状態を指し，dirty はホコリやしみがいっぱいで不潔な状態を指します。in here で「部屋の中が散らかっている」という感じになります。

私は息子に Hi! Mr. Messy.（やあ，散らかし放題さん。）とふざけて声をかけることもあります。この言い方はあまりガミガミ言いたくない方におすすめです。

Let's clean up! （片づけよう！）

「片づける」にはいろいろな言い方がありますが，これが一番覚えやすくて広く使える表現かな。

Clean up your toys! にすると，「おもちゃを片づけなさい。」の意味。Clean-up time! で「お片づけの時間よ！」になります。

家の中

✳ more phrases ✳

☐ おもちゃ片づけて。

Put your toys away.
（プッユアトイザウェイ）

put ～ away で「～を片づける，しまう」。遊び終わったあとに「おもちゃを元の場所に戻して。」という意味で使います。

☐ 物を大切にしてね。

Take care of your things.
（テイクケアロヴュアスィングズ）

「ケア」は日本語にもなっていますよね。自分の持ち物をちゃんと care しなさいという意味。

応用
☐ なんて散らかってるの！
☐ 散らかしちゃってるわねえ。
☐ 散らかさないでね。

What a mess!（ワラメス）
You're making a mess.（ユアメイキンガメス）
Don't make a mess, OK?（ドンメイカメス オウケイ）

mess は名詞で，ゴチャゴチャと物が散乱したような状態。「ほら見てよ，こんなに散らかしちゃって。」というようなときは Look at the mess. で表現できます。mess を使ったこれらの表現は，食べ物をこぼしてテーブルの上や洋服がよごれてしまったときにも使えます。make a mess は「散らかす」として丸暗記しちゃいましょう！

井原家の子育て diary

キッチンで手を洗うことの多い息子は，流し台に食器が置かれたままになっていると，いつも Mommy, it's messy. とわざわざ私に教えてくれます。アハハ，と苦笑いしつつあわてて片づけるのですが，先日は，Mommy, it's dirty. と言葉を選ばれてしまいました。すみません，今後気をつけます。（3歳0ヵ月）

3 それビデオデッキに入れて

You want to watch a video? ビデオ見る？
ユワントゥワッチャヴィディオウ

Put it in the VCR. それビデオデッキに入れて。
プリッティンダヴィースィーアー

You want to watch a video? （ビデオ見る？）

「ビデオを見る」と言うとき，動詞はふつう watch を使います。映画館で映画を見るときなどは see も使いますが，家の中で見る場合にはなぜか watch になります。アメリカ人の友人のひとりは，I watched a movie yesterday.（昨日映画を見たの。）と誰かが言うのを聞くと，自動的に「あ，家で見たのか。」と想像すると言っていました。

Put it in the VCR. （それビデオデッキに入れて。）

「～を…に入れる」や「～を…に置く」と言うとき，put を使います。「ボールをここに入れて。」や「おもちゃをそこに入れて。」，「コップをテーブルに置いて。」などと言いたいとき，Put ～. で表します。中に入れる場合は in，置く場合は on をつけて使ってみましょう。

「ビデオデッキ」はふつう VCR（video cassette recorder）と言います。

家の中

✳ more phrases ✳

☐ さがってくださ〜い。

Move back, please.
ムーヴバック　プリーズ

テレビに近づきすぎているとき使う表現。Move. だけだと「どいて！」という感じ。back をつけると「後ろにさがって。」という感じ，please をつけるともっと丁寧になります。

☐ テレビの時間は終わりよ。

TV time is over.
ティーヴィータイミズオウヴァー

Love is over. というフレーズを覚えている方もいるかな？　Love is over. は日常会話ではまず登場しませんが，TV time is over. は実用的なフレーズです。

ちなみにTBと言うと「結核」になってしまうので，発音には十分注意を！

応用
☐ それゴミ箱に入れて。
☐ それそこに入れて。

Put that in the trash.
ブッダインダトゥラッシュ
Put that in there.
ブッダインデア

「ゴミ箱」は trash can または省略して trash と言います。ファーストフード店のゴミ箱にも TRASH と書いてあることがありますよね。「ゴミ箱に」や「おもちゃ箱に」などと入れる場所をはっきり言わなくても，Put that in there. のように in there（そこに）を使って簡単に言うことができます。

井原家の子育て diary

ビデオのリモコンの巻き戻し（rewind）ボタンを教えてあげたら，息子は気に入ったところを何度も巻き戻して見るようになり，その部分だけは難しい英語でもそっくり真似して言うことができるようになりました。私にもあの情熱があったらもっと英語が上達するのでしょうが，飽きちゃってダメですね……。（2歳3ヵ月）

4 ティッシュをもらえるかしら？ track 36

Can I have a tissue?
キャナイハヴァティシュー

ティッシュをもらえるかしら？

Can I はキャナイとつなげて発音します。

はい。

Thank you.　You're so sweet.
センキュー　　ユアソウスウィーッ

ありがとう。やさしいのね。

Can I have a tissue?　（ティッシュをもらえるかしら？）

　　tissue（ティッシュ）につけるのは a か some か the か悩みましたが，「ティッシュ１枚」は a tissue で OK なんですって。

　　Can I have ～? は何かを（取って）もらいたいときによく使われます。Get me a tissue.〔Give me a tissue.〕などは「ねえ，ティッシュ取って。」という感じですが，Can I have ～? はそれらより丁寧な感じです。子どもの英会話スクールでも Can I have ～? を教え込むところが多いのではないでしょうか。私も，ふだん息子に何かをお願いするときよく使います。

Thank you.　You're so sweet.　（ありがとう。やさしいのね。）

　　sweet はここでは「甘い」ではなく「やさしくて親切な」という意味。ちょっと大げさな感じですが，子ども相手に言うとかわいい表現です。たくさんほめてあげたいものですね。

家の中

✳ more phrases ✳

☐ リモコン取ってもらえる？

Can you pass me the remote control?
（キャニュパース ミ ダリモウコントロウル）

　passは「手渡す，(食卓で塩などを)回す」。リモコンはremote controllerかと思ったら，remote controlでいいそうです。

　Can you ～?の文についてはp.128も見てみてください。

☐ それ取ってもらえる？

Can you hand me that?
（キャニュハンミダッ）

　handも上のpassと同じように使えます。

応用
☐ それもらえるかしら？
☐ 新聞をもらえるかしら？

Can I have that?
（キャナイハヴダッ）
Can I have the newspaper?
（キャナイハヴダニューズペイパ）

　子どもが手に何かを持っているときに，Can I have that?と言いながら手を差し出してみてください。子どもはすぐに意味を理解するようになるはずです。自分の英語に子どもが反応して行動してくれるのって，大きな喜びですよね。

　ちなみに，May I have ～?はよりいっそう丁寧で上品な感じです。イギリスの学校では「先生にはMay I ～?を使いなさい！」と言われると聞きました。

井原家の子育てdiary

　ずっとMilk, please.のようにしか言えなかった息子が，最近ではやっとCan I have some milk, please?と長い文で言えるようになりました。親バカながら，その様子がかわいくてしかたがありません。Can I have some more chocolate, please?（チョコレートをもっといただけますか？）なんて正しい文で言われると，ついあげすぎてしまいます。（2歳3ヵ月）

5 洗濯物たたんでるのよ track 37

I'm folding clothes. アイムフォウルディングクロウズ 洗濯物たたんでるのよ。

clothes は日本語っぽい「ズ」の発音で OK！

Can you help me? キャニュヘルプミ 手伝ってくれる？

📢 I'm folding clothes. （洗濯物たたんでるのよ。）

fold は「（紙や布など柔らかいものを）折ってたたむ」という意味で、ふとんをたたむときにも使えます。Fold your handkerchief. で「ハンカチをたたんで。」になります。

洗う前の洗濯物は the laundry や some laundry と言いますが、洗ったあとのものは単に clothes や clean clothes でOK。

Can you help me? （手伝ってくれる？）

家事をしているときに子どもが話しかけてくることがありますよね。そんなときはまず、I'm 〜ing. と今やっていることを説明したあと、Can you help me? と言って、お手伝いをお願いしちゃいましょう！

Can you 〜? の部分を Will you 〜? にすると「〜していただけます？」というさらに丁寧な依頼になります。

家の中

✳ more phrases ✳

☐ お願い，掃除機かけさせて！

Let me vacuum, please!
(レッミヴァキュム ブリーズ)

動詞になると「掃除機をかける」という意味になります。vacuum cleaner（掃除機）は口語では単にvacuumでOK。イギリスの友人はvacuumではなくhooverと言います。

☐ お願い，テレビ見せて！

Let me watch TV, please!
(レッミワッチティーヴィー ブリーズ)

たまにテレビを見ようと思ってもいつも息子に邪魔されるので，このように叫びます。

応用

☐ お洗濯してるのよ。
☐ お皿を洗ってるのよ。

I'm doing some laundry.
(アイムドゥイングサムランドリ)
I'm doing the dishes.
(アイムドゥイングダディッシズ)

家事はいろいろありますが，この2つはどちらもdoで言えます。日本語では「洗濯をする」とは言っても「お皿をする」とは言いませんが，英語はdo the dishesでOK！

井原家の子育て diary

先日，私が洗濯して乾いた衣類をカゴに入れ，息子にCan you help me fold them?（たたむの手伝ってくれる？）と言うと，息子は不思議そうな顔をしつつカゴを持ってくれました。私のfoldのfの発音が弱かったため，息子にはhold（持つ）のように聞こえたのでした。fの発音は本当に難しいです。子どものころ，フォークのことをいつまでも「ホーク」と発音していた私なので，無理もありません！（2歳11ヵ月）

カオリの 英語で子育て進行中！

ゴミ箱　あれこれ

■子どもにゴミを捨ててもらおう！

　子どもが自分の英語に反応して行動してくれるのってうれしいものですよね。ここでは，お子さんにゴミを捨ててもらうためのワザ（？）を紹介します。

　お子さんにゴミを手渡しながら，

　　　　Can you throw this away?（これ捨ててくれる？）
　　　　　キャニュスロウディスアウェイ

と言ってみましょう。**throw away** で「捨てる」です。

　もしキョトンとされたら，さらにゴミ箱を指差して，

　　　　Put it in there.（そこに入れて。）
　　　　　プリッティンデア

と説明してみましょう。**put it** で「置く」，**in there** で「その中に」の意味です。お子さんに電車の切符を持たせて自動改札の前でこの文を言えば，「切符を改札機に入れて。」という意味になります。

　ゴミ箱が少し離れたところにある場合なら，

　　　　Can you go throw this away?（これ捨ててきてくれる？）
　　　　　キャニュゴウスロウディサウェイ

と言えます。**〈go＋動詞〉**で「〜してくる」「〜しに行く」（→p.50参照）という感じが出ます。goをはさむだけなので簡単ですね！

■thisとthatとit

　ところで，thisやthatとitって，どう使い分けるか覚えてます？

　this(これ)やthat(それ，あれ)は何かを初めて話題にするときや，何のことかはっきり示したいときに。何のことか明らかになったら，itの出番です。

　　　親：Can you throw that away?（それ捨ててくれる？）
　　　　　　キャニュスロウダラウェイ
　　　子：What? This one?（何？　これ？）
　　　　　ワッ　　ディスワン
　　　親：Yes. Can you throw it away?（そう。捨ててくれる？）
　　　　　イェス　キャニュスロウイラウェイ

■ 「ゴミ箱」って何て言うの？

　「ゴミ箱」の言い方は，国や地域によって違いがあるようです。アメリカ人の友人は trash can（チュラッシュキャン），イギリス人の友人は rubbish bin（ラビッシュビン）と言っています。

　私は学生時代，「ゴミ箱」の英訳として trash can と garbage can の2つを暗記しました。ところがある日，私が部屋で息子に Put that in the garbage can. と言ったら，そばにいたアメリカ人に「garbage can（ガービッジキャン）ってなんとなく外に置くような大きいふた付きバケツっぽくない？」と言われました。彼女は部屋に置いてあるゴミ箱はふつう trash (can) と呼ぶのだそうです。

　そう言われても，私にはピンときませんでした。そのもののリアルなイメージが，なかったからです。

■ 言葉のリアルなイメージ

　でも，英語で子育てをしていると，この「リアルなイメージ」を子どもに与えるチャンスがたくさんあってうれしくなります。たとえば，稲妻（いなづま）がピカッと走ったときに lightning という言葉を教え，風がビューッと吹いたときに windy という言葉を教えてあげることができます。

　子どもには，言葉をイメージと一緒に吸収していってほしいなあと思います。

■ trash can とゴミ箱

　というわけで，部屋のゴミ箱を言うときは，trash can や rubbish bin がいいでしょう。アメリカ人の友人はよく can を省略し trash と言います。

　　　Put that in the trash (can).（プッダインダチュラッシュ　キャン）（それゴミ箱に入れて。）

　私は can と聞くと何となく缶詰を思い出し，金属性のイメージを捨てきれないのですが，友人に聞くと，木製でもプラスチック製でもゴミ箱は trash(can) だそうです。「『カン』じゃないのに変なの！」と言うと，「日本人だって，別に箱じゃないのに『ゴミ箱』って言うでしょ？」と切り返されました。う〜む。

95

ステップアップ表現

track 38

工作・お絵描き

☐ これを切り抜こう。	Let's cut this out.
☐ はさみに気をつけて。	Be careful with the scissors.
☐ ここにのりではろう。	Let's glue it on here.
☐ ここにセロハンテープではろう。	Let's tape it on here.
☐ これに色を塗ろう。	Let's color this.

テレビ・ビデオ

☐ 好きな番組始まるよ。	Your favorite show's starting.
☐ 座って見てくださ〜い。	Sit down and watch it, please.
☐ 早送りしよう。	Let's fast-forward it.
☐ テレビに近すぎるよ。	You're too close to the TV.
☐ 目に悪いよ。	It's bad for your eyes.
☐ テレビ消してね。	Turn the TV off.

家事

☐ そっちにいて。アイロンかけてるから。	Stay over there. I'm ironing.
☐ お風呂を洗わなきゃ。	I have to wash the bathtub.
☐ お風呂にお湯を入れなきゃ。	I have to fill the bath.
☐ テーブル片づけるの手伝ってくれる？	Can you help me clear the table?

第5章
食事・おやつ

プチQUIZ 下線に入る語を考えてみましょう。

Do you _____ a snack?　おやつ食べる?

Go wash your hands.　手を洗っておいで。

答え　want

井原家の子育てライフ

楽しい夕食

track 39

❖ 子どもがおいしそうに食べてくれると疲れも吹っ飛びますよね。

1. Dinner's ready.
2. Go wash your hands. Come on!
3. We're having curry.
4. Curry!?
5. Yes. Sit in your chair. — Yes!

食事・おやつ

Are you hungry?

よいしょ

Yes!

Let's eat!

いただきまーす

ぱく

もぐもぐ

Is it good?

Mm, good.

I'm glad you like it!

英文の意味
1 夕食できたよ〜。 2 手を洗っていらっしゃい。／早く！
3 今日はカレーよ。 4 カレー!? 5 そうよ。イスに座って。／うん！
6 おなかすいた？／うん！ 7 食べよう！ 8 おいしい？
9 おいしい！／喜んでくれてうれしい！

1 おやつ食べる？

track 40

Do you want a snack? （ドゥユワンタスナック）　おやつ食べる？

Go wash your hands. （ゴウワッシャハンズ）　手を洗っておいで。

🐷 Do you want a snack?　（おやつ食べる？）

子どもはおやつが大好き。きっと Yes! の答えが返ってきますよ。

snack は「おやつ」のこと。「いちごとクッキーとジュース」みたいに，おやつがひとつでなかったとしても a snack で大丈夫なんですって。

🐷 「スナック」というとついジャンクフードっぽいお菓子を想像してしまいますが，英語では食事と食事の間に食べるものなら何でも snack と言うんです。アメリカ人の友人が Do you want a snack? と言って，子どもにおにぎりやみかんをあげているのを見て驚きました。

Go wash your hands.　（手を洗っておいで。）

Go のあとに and が省略されています。（→p.50参照）

hand と単数形で言ってしまう人が多いのですが，hands と s をつけて言いましょう！

食事・おやつ

✳ more phrases ✳

☐ 冷蔵庫に牛乳があるよ。

There's milk in the fridge.
デアズミウキンダフリッジ

冷蔵庫は refrigerator ですが，日常会話では fridge と言うことのほうが多いです。

☐ クッキーあるよ。

We have cookies.
ウィハヴクキズ

「家にある」と言うとき，We have ～. も便利な言い方です。

バナナは bananas，ドーナツは doughnuts。

☐ ウエハースを食べようね。

Let's eat a wafer.
レッツィーラウェイファー

「ウエハース」って a wafer または wafers って言うんですね。

応用

☐ バナナ食べる？
☐ ジュースいる？

Do you want a banana?
ドゥユワンタバナーナ
Do you want some juice?
ドゥユワンサムジュース

ジュースやお茶 (tea)，ケーキ (cake) などには a ではなくて some をつけましょう。

101

2 「開けてください」は？ track 41

> **Say "Open it, please."**
> セイオウプニップリーズ
> 「開けてください」は？

> **Here you are.**　はい，どうぞ。
> ヒアユアー

🔊 Say "Open it, please." （「開けてください」は？）

　直訳すると「『開けてください。』って言いなさい」。

　Open it, please.（開けてください。），Can you open it, please?（開けてくれませんか？）などは，子どもがすぐに使い始めるフレーズのひとつです。子どもも，大好きなおやつのためなら必死ですものね。

Here you are.　（はい，どうぞ。）

　Here you go. というカジュアルな言い方もあります。あるアメリカ北東部出身のママは「私は子どもに Here you are. は使ったことがない。ちょっと丁寧すぎ。」と言っていました。でも，あるイギリス人のママは「小さいころ，Here you are. と言わないと先生にしかられた。」と言っていました。国によっていろいろなんですね。わが家では気分に応じてどちらも使います。

食事・おやつ

✳ more phrases ✳

☐ こういうとき何て言うの？

What do you say?
（ワッドゥユセイ）

「ありがとう。」や「ごめんなさい。」と言ってほしいときに，このようにうながしましょう。

☐ お皿がいるね。

You need a plate.
（ユーニーダプレイッ）

お菓子を開けて箱や袋からそのまま食べようとする子どもに使えます。
You need a fork.（フォークがいるね。）などに応用しましょう！

☐ 開けてあげるね。

Let me open it.
（レッミーオウプニッ）

お菓子の袋，飲み物のふた，おもちゃの箱などにも使え，実に応用範囲の広いフレーズです。一度覚えれば大活躍間違いなし。
（→p.51，p.126参照）

応用

☐ 「ありがとう」は？
☐ あやまりなさい。

Say "Thank you."
（セイセンキュー）
Say you're sorry.
（セイユアソーリー）

Say "Sorry." と言ってもOKですが，Say you're sorry. よりやや子どもっぽい言い方です。日本語でも「ごめんなさいって言いなさい。」と「あやまりなさい。」と2通りの言い方がありますよね。

井原家の子育て diary

「ありがとう。」「ごめんなさい。」がちゃんと言える子に育つように，Say "Thank you." や Say you're sorry. をよく使っていました。でも実は，私も忘れることが多く，最近では息子に Say "Thank you." とうながされてしまいます……。反省。（1歳9ヵ月）

3 夕食できたよ～

track 42

Dinner's ready! 夕食できたよ～。
ディナーズレディ

Come to the table. テーブルにいらっしゃい。
カムトゥダテイボー

Dinner's ready! （夕食できたよ～。）

　　日本語の日常会話では朝食，昼食，夕食すべてを「ごはんだよ～。」と言いますが，英語では Breakfast's ready.（朝食できたよ～。）や Lunch's ready.（昼食できたよ～。）などと言うことが多いです。

　　dinner の本来の意味は「一日のうちで最も主要な食事」。英語圏でも日本でも，多くの場合，夕食がこれにあたるので「dinner＝夕食」と覚えておいていいと思います。昼にパーティーなどでたくさん食べたときは，昼食が dinner になり，その日の夕食は supper（軽い夕食）となります。

　　なお，ふつう，Dinner is を Dinner's と短くして発音します。

Come to the table. （テーブルにいらっしゃい。）

　　p.43 でも出てきましたが，come to ～ は相手を呼ぶときに使います。いつも Dinner's ready. とセットで言ってみましょう。

食事・おやつ

✳ more phrases ✳

☐ イスに座って。

Sit in your chair.
<small>スィッインニュアチェア</small>

「〜に座る」は，sit on 〜 だと思っていたら sit in 〜 もよく使うんですね。ひじかけのついたイスや，子ども用のベルトがついているようなイスは in（〜の中に）というイメージが強くなるようです。

☐ 早く来ないと冷めちゃうよ。

Come on, or it'll get cold.
<small>カモン オアイトゥルゲッコウル</small>

come on は何かをせかすときの言葉。or は「さもないと」という意味ですが，こんなふうに軽い会話にも登場します。

☐ よだれかけしようね。

Let's put your bib on.
<small>レッツプッユアビボン</small>

日本語では，よだれかけのことを「スタイ」と呼ぶことがありますが，英語では bib です。

☐ ホットケーキできたよ。
☐ 用意しよう。

The pancakes are ready!
<small>ダパンケイクスアレディ</small>
Let's get ready.
<small>レッツゲッレディ</small>

Let's get ready. は，出かける前に「行くしたくを整えよう。」「行く準備をしよう。」という意味でよく使います。

井原家の子育て diary

息子は，今日も実に楽しそうに「応用反復練習」をして喜んでいました。私が鶏肉を食べていると，Is Mommy eating pigeon?（ママはハトを食べているの？）Is Mommy eating crow?（カラス？）Is Mommy eating owl?（フクロウ？）と食欲がなくなるようなことを……。でも，こんなに楽しく反復できるのも今だけと思い，最後までつきあってあげました。（2歳5ヵ月）

4 今日はお魚よ

track 43

> **We're having fish today!** 今日はお魚よ。
> ウィアハヴィンフィッシュトゥデイ

> **Smells good, doesn't it?** いいにおいでしょ。
> スメルズグッ ダズニッ

☞ We're having fish today!　（今日はお魚よ。）

　お買い物をしながら，またはお料理をしながら We're having fish tonight!（今夜はお魚よ！）なんて話しかけると，子どもはきっとワクワクしますよね。その場合，食べる直前に言うときは，tonight や today を省略しても大丈夫です。

　こんな簡単な表現ほど，頭で考えても出てこないものです。暗記しちゃうのが一番かもしれません。「今日は魚です。」を Today is fish. などと言わないようにご注意！

Smells good, doesn't it?　（いいにおいでしょ。）

　It smells good, doesn't it? の It を省略した言い方です。こんな場面にも，doesn't it? をつけて言うことが多いそうです。（→p.68，p.85参照）
smell のあとの s をお忘れなく。

食事・おやつ

✳ more phrases ✳

☐ パパを呼んできて。

Go get Daddy!
（ゴウゲッダーディ）

go get で「呼んでくる」。なんだか，パパを捕まえてくるみたい!?

☐ いただきます！

Let's eat!
（レッツィーツ）

わが家では「いただきます。」と日本語で言いますが，英語タイムに日本語は使いたくないという方には，おすすめの言い方です。

☐ よだれグショグショだね。

You're drooling a lot.
（ユアヂュルーリンガラッ）

赤ちゃんが「よだれをたらす」ことは drool と言います。こういう表現って，なかなかお目にかかる機会がないですよね。

☐ 今日はカレーよ。
☐ 今日は豚肉よ。

We're having curry today.
（ウィアハヴィンクーリトゥデイ）
We're having pork today.
（ウィアハヴィンポークトゥデイ）

カレーライスは英語だと curry and rice ですが，ひんぱんに rice を食べる日本人の私たちは特に rice とつけ加えなくてもいいと思います。豚肉は pork，牛肉は beef，鶏肉なら chicken。a や the などはつけなくて大丈夫。

井原家の子育て diary

スーパーで魚を見ていると，息子が Are we having fish tonight?（今夜はお魚なの？）と言いました。この表現を使って息子が話したのは今日が初めてです。しかも，いつの間にか自分で疑問文にアレンジしてありました！（2歳3ヵ月）

5 おいしい？　よかった！ track 44

Is it good?　おいしい？
（イズイッグーッ）

I'm glad you like it!　おいしい？　よかった！
（アイムグラーデューライキッ）

Is it good?　（おいしい？）

「おいしい」というと tasty や delicious を思い浮かべる方もいるかもしれませんが，日常会話では good が定番。Is it yummy?（おいちい？）というかわいい言い方もあります。

yummy は幼児語とされていて，ふつうは小学生くらいになるとじょじょに使わなくなると聞いていたのに，アメリカ人の20代の友人が「母は今でも私と話すとき yummy を使うのよ。」と言っていてビックリしました。

I'm glad you like it!　（おいしい？　よかった！）

I'm glad (that) 〜. で「〜でうれしい。」という意味。

子どもが「おいしい。」と言ってくれたら，すかさず笑顔いっぱいでこんな言葉を返したいですね。食べ終わったあとなら，I'm glad you liked it. になります。

食事・おやつ

✳ more phrases ✳

☐ よく噛(か)んでね。

Chew it well.
チューイッウェル

チューインガムの「チュー」と言ったらピンとくるかしら!?「噛む」は bite でも表しますが，chew が口の中でもぐもぐと噛むのに対し，bite は主に前歯で1回ガブッと噛むニュアンスがあります。

☐ もう少しど〜お？

You want some more?
ユワンサムモア

ここでも You want 〜? が使えます。「ちょっとだけ」を強調したいときは，You want a little more? で表します。

☐ お口開けて。

Open up!
オウプナップ

Open your mouth. でももちろん OK ですが，こんなふうに短く元気に言うこともできます。

【応用】

☐ 全部自分でできてえらいね。ママうれしい。

I'm glad you did it all by yourself.
アイムグラーデューディディッオールバイユアセウフ

☐ お手伝いしてくれて，ママうれしい。

I'm glad you helped me.
アイムグラーデューヘルプトゥミ

all by yourself で「全部あなた自身で」。子どもが何かをひとりでできるようになったときに，使いたいほめ言葉ですね。

井原家の子育て diary

息子が初めて chew（噛む）という単語を使ったのは，Gombe chewed my toy!（ゴンベ（犬）がぼくのおもちゃをかじった！）と言ったときでした。せっかく買ってあげたばかりのプラスチックのおもちゃがボロボロになってしまいました！ （2歳5ヵ月）

6 食べ物で遊んじゃダメよ

Don't play with your food.
ドンプレイウィズユアフーッ
食べ物で遊んじゃダメよ。

Behave yourself.
ビヘイヴュアセウフ
お行儀よくね。

🔖 Don't play with your food. 　（食べ物で遊んじゃダメよ。）

　　Don't ~. は「~しちゃダメ。」という否定の命令文。子どもにはつい Don't ~. が多くなりがちですよね。

　　次ページの Don't be picky. は Eat some vegetables, too.（野菜も食べてね。）, Don't use your fingers. は Use your fork.（フォークを使ってね。）などと言い換えることも可能。また，Don't ~. とちょっと注意する必要のあるときにも，できるだけやわらかい口調で言いたいなと思っています。表現は Don't ~. でも，口調によってニュアンスはずいぶん変わりますものね。

Behave yourself. 　（お行儀よくね。）

　　behave yourself で「お行儀よくふるまう」という決まった言い方。いたずらざかりの子どもに対しては欠かせない表現です。

食事・おやつ

✳ more phrases ✳

☐ フーフーして。

Blow on it.
ブロウオニッ

　blow は「息を吹く」。熱くてやけどしそうなときにフーフー吹く動作はこの表現で表せます。ちなみに、鼻をかむときも Blow your nose. と blow を使います。

☐ ペーッて出さないで。

Don't spit it out.
ドンスピティタウッ

　「口の中のものを吐き出さないで。」という意味。離乳食を始めたばかりの赤ちゃんはよく口からペーッと出しますよね。そのときにどうぞ。
(→p.131参照)

☐ 床に落ちたものは食べないで。

Don't eat off the floor.
ドンイーオフダフロア

　真ん中の off がポイント。off はおもに「〜から離れて」という意味。ここでは「〜から取って」。

☐ 好き嫌いしないでね。
☐ 手づかみしないで。

Don't be picky.
ドンビーピッキー
Don't use your fingers.
ドンユーズュアフィンガーズ

　pick は「選ぶ」こと。これを形容詞の picky にすると「選り好みする」という意味になります。

　日本語では「手で食べないで。」と言いますが、英語ではこういう場合 fingers（指）を使います。

7 おしまい？

Are you full? おなかいっぱい？

Finished? おしまい？

Are you full? （おなかいっぱい？）

　full は「いっぱいに満ちている」という意味。Are you full?（あなたは満ちていますか？）で「おなかいっぱい？」という意味になります。反対の意味の、Are you hungry?（おなかすいてる？）もぜひおさえておきましょうね。

Finished? （おしまい？）

　「おしまい？」や「終わり？」などは子どもによく使う表現ですよね。英語圏のパパ＆ママもこういった表現をよく使います。
　Finished? は Are you finished? を短くした形。 Finish? と言うとちょっと不自然です。また，特に子どもには All をつけて All finished? と言うことも多いです。この all は「完全に」という意味をそえています。ほかに，All done? も同じように非常によく使われます。

食事・おやつ

✳ more phrases ✳

☐ 全部なくなっちゃったよ。

It's all gone.
イッツォールゴーン

p.44の「お仕事に行っちゃったよ。」のときと同じく，gone を使って「なくなっちゃった。」と言うことができます。

☐ あとひと口！

One more bite!
ワンモアバイッ

bite はパクッというひと口。

☐ お皿の上のもの全部食べてね。

Finish your plate.
フィニッシュアプレイッ

私のようにdish も plate も「お皿」と覚えた人いませんか？ dish は全員の料理を盛りつける大皿で，plate は各自の取り皿です。

☐ さっさと食べちゃって。
☐ 全部食べてえらいね。ママうれしい。

Finish eating.
フィニッシュイーリン
I'm glad you finished it all.
アイムグラーデューフィニシイトール

Finish のうしろに eating をつけると「食べることを終わらせなさい。」，つまり「（遊んだりテレビを見たりする前に，先に）食事をすませなさい。」という意味になります。

井原家の子育て diary

　Finished. も子どもがわりと早くから使い始めるフレーズだと思います。手を洗ったとき，食事のとき，トイレで用を足したときなど，「もういいの？　おしまい？」という感じで Finished? と言えば，子どもはすぐに使うべき状況を理解します。
　また，Done? や All done? もネイティブのパパ＆ママはひんぱんに使います。Finished? とほぼ同じ意味ですが，イギリス人の友人は「Finished? のほうが少し丁寧な感じがする。」と言っていました。私はどちらも使っています。

英語あそび！ アメはどっち？ track 47

お菓子がどちらの手の中に入っているか，当てるゲームを紹介します。手に隠せるアメなどを使って，一緒に食べる前にやってみてください。

① **Want a snack?**
ワンタスナック
おやつほしい？

② **I'm going to hide it!**
アイムゴウイントゥハイディッ
ママが隠しちゃうよ！

③ **Which hand?**
ウィッチハン
どっちの手かな？

④ **This hand!**
ディスハン
こっちの手！

お子さんが「こっち！」と言ったら，This hand？と聞いてみましょう。

英語あそび

⑤ **No snack.**
ノースナック
はずれ〜。

⑥ **Oh, you got it!**
オー ユーガリッ
当たり！

got it はガリッと元気よく言ってみましょう。
That's right. でも OK！

⑦ **Here you are.**
ヒアユアー
はい，どうぞ。

ポイント

★ 最初は Which hand？だけでも OK！
　初めは，手に何かを隠すところを見せて Which hand？と聞くだけでも十分です。とにかくやってみることに意義があります。

★ 慣れてきたらお子さんと交代！
　何度もゲームをしていると，きっとお子さんも隠す側をやりたくなるはずです。そんなときは，Your turn！（あなたの番よ！）と言ってバトンタッチです。

> カオリの 英語で子育て進行中！

固体を飲み込むときは？

■それ先に飲み込んで

今回は「飲む」という表現について考えてみます。

口にまだ何かほおばりながらさらにもっと食べようとする子どもには，

　　　　Swallow that first.（それ先に飲み込んで。）
　　　　（スワロウダッファース）

と言ってみましょう。「飲む」と言っても固体を飲み込む場合は drink ではなくこの **swallow** を使います。液体を飲む場合にも使いますが，口の中のものをゴクリと飲み込む感じのようです。

次のように言ってから，Swallow that first. と続けてもいいですね。

　　　　Your mouth isn't empty yet.（口の中にまだ入ってるよ。）
　　　　（ユアマウスィズンテンプティイエッ）

■ツバメがアゲハチョウを飲み込む!?

swallow は **ツバメの swallow** と同じつづり，同じ発音です。その昔，受験勉強で英単語の丸暗記をしていた頃，私は

　　　　The swallow swallowed the swallowtail.
　　　　（ダスワロウスワロウダスワロウテイル）

（ツバメがアゲハチョウを飲み込んだ。）

などとブツブツ言いながら覚えました。

おかげで人と話していて swallow という言葉が出てくるたび，いまだに頭の中でツバメとアゲハチョウが飛び回ってちっとも会話に集中できません。トホホ……。子どもにはこんな思いはさせたくないものです。

■噛んでから飲み込もう

息子は,少し固いお肉などをあげると,いつまでもいつまでも噛んでいます。そんなときはこんなふうに言います。

Are you still chewing that?（それまだ噛んでたの？）
You can't swallow it?　　（飲み込めないの？）
It's too big to swallow?　（大きすぎて飲み込めない？）

お肉はいつまでも噛み続けるのに,ドーナツなどをあげると,息子はすごい勢いでたくさん口に詰め込みます。そんなときは,次のフレーズをどうぞ。

Slow down!　　　　　　　（ゆっくり！）
Or you're gonna choke.（のど詰まっちゃうよ。）

■いろいろな「飲む」

それではここでクイズです。次の下線に「飲む」という意味の take, swallow, have から最も適切なものを選んで入れてください。

(1) Mommy made corn soup today.（今日はコーンスープを作ったよ。）
　　Let's _____ some!（さあ,スープ飲もう。）
(2) You have a fever.（お熱があるね。）
　　You should _____ this medicine.（この薬飲まなきゃ。）
(3) Taking medicine is easy.（お薬飲むのなんて簡単だよ。）
　　Just put it in your mouth and _____.
　　（ただ口に入れて飲み込むだけ。）

答え　(1) have　(2) take　(3) swallow

ステップアップ表現

track 48

おやつ・食事

☐ 甘いもの食べすぎないでね。	Don't eat too many sweets.
☐ ボロボロこぼしてるよ。	You're dropping *crumbs.
☐ ひとつしかないよ。	There's only one.
☐ （クッキーなどを）半分にしよう。	Let's break it in half.
☐ ひとつはあなた，ひとつは私に。	One for you, one for me.
☐ えっ，私に（くれるの）？	Oh, for me?
☐ おいしいね。	It's good, isn't it?
☐ みかんを食べよう。	Let's have a *tangerine.
☐ 皮をむいてあげるね。	Let me peel it.
☐ ストローいる？	You want a straw?
☐ まだ熱いよ。	It's still hot.
☐ やけどしちゃうよ。	You'll get burned.
☐ 冷めるまで待って。	Wait until it cools down.
☐ それ先に飲み込んでから。	Swallow that first.
☐ お口いっぱいにしてしゃべらないで。	Don't talk with your mouth full.

＊ crumb =「かけら」/ tangerine =「みかん」

その他

☐ （玄関で音がして）誰だろ？	Who's that?
☐ あ，電話だ。	Oh, it's the phone.

第6章
トイレ・お風呂・寝るとき

プチQUIZ 下線に入る語を考えてみましょう。

Let's ___ ___ the light. 電気消そうね。

Sweet dreams. いい夢見てね。

答え turn, off

井原家の子育てライフ
今日も一日ありがとう

track 49

❖ 1日の終わりは愛情いっぱいの英語とともに……。

1. Time for bed! / Let's read a book.
2. Let's go! / ……
3. OK.
4. Which book would you like? / This one.

トイレ・お風呂・寝るとき

5 The end.

6 Let me tuck you in.

7 Let's turn off the light.

8 You were a very good boy today.

9 I love you. / I love you, too.

10 Good night. / Sweet dreams.

英文の意味

① 寝る時間よ。／本読もうよ。　② 行くわよ！　③ は〜い。
④ どの本がいいかしら？／これ。　⑤ おしまい。　⑥ おふとんにくるんであげるね。
⑦ 電気消そうね。　⑧ 今日はとってもいい子だったね。
⑨ 愛しているよ。／ぼくも愛しているよ。　⑩ おやすみ。／いい夢を見てね。

1 おトイレなの？

track 50

Do you have to go to the bathroom?
ドゥユハフトゥゴウトゥダバースルム
おトイレなの？

Pee-pee or poo-poo?
ピーピーオアプープー
おしっこ？ うんち？

Do you have to go to the bathroom?　（おトイレなの？）

have to ～ で「～する必要がある、～しなければならない」。ときに Do you have to go?（行く必要がある？）だけでトイレに行きたいかどうか聞くことができます。「トイレ」を表すにはいろんな言い方がありますが、bathroom がよく使われます。

Pee-pee or poo-poo?　（おしっこ？ うんち？）

「おしっこ」は pee や pee-pee。「うんち」は poo や poo-poo。繰り返すと幼児向けの表現になります。

pee は動詞としても使い、poo-poo も poop とすれば動詞になります。Did you pee?（おしっこした？）、Did you poop?（うんちした？）などの文が作れます。ちなみに、「おちんちん」は wee-wee という言い方があります。

トイレ・お風呂・寝るとき

✳ more phrases ✳

☐ ひとりで行ける？

Can you go by yourself?
キャニュゴウバイユアセルフ

by yourself で「自分で（自分の力で）」。

☐ おしりふいてあげるね。

Let me wipe your bottom.
レッミワイピュアバタム

「おしり」は bottom と言います。（→ p.51参照）

☐ おむつ換えようね。

Let's change your diaper.
レッツチェインジュアダイパ

「おむつ」は diaper。息子が赤ちゃんのころは，本当によく使った言葉です。

☐ トイレの水を流さなきゃだめだよ。

You have to flush the toilet.
ユハフトゥフラッシュダトイレッ

flush the toilet で「トイレの水を流す」。

☐ 夕食作らなきゃ。

I have to make dinner.
アイハフトゥメイクディナ

make dinner で「夕食を作る」。いつまでも「一緒に遊ぼ〜！」とまとわりつくお子さんにどうぞ。

井原家の子育て diary

「おしっこ」や「うんち」なんて単語は学校で習いませんでしたから，pee-pee や poo-poo を知ったときは興奮しました！ せっかくなのでどんどん活用したいのですが，残念ながら大人どうしの会話では使う機会はまずありません。英語圏ではこれらの表現は日本以上にタブー視されているようで，うっかり電車やデパートで人に聞かれてしまうと品格を疑われてしまうそうです。

英語ネイティブの友人たちは Do you have to go No.1 or No.2? などと遠回しに言うことも。No.1 はおしっこ，No.2 はうんちを意味します。

2 お兄ちゃんになったね

You're so big now. お兄ちゃんになったね。
ユアソウビッグナウ

I'm proud of you. ママすごくうれしい！
アイムプラウドヴユー

You're so big now. （お兄ちゃんになったね。）

　子どもが何かを初めてできるようになったときに使いたいほめ言葉です。たとえば，ひとりでくつ下がはけたり，お料理のお手伝いができたりすると，日本語でも「お兄ちゃんになったのね。えらいわね。」などと言いますよね。
　so big は直訳すると「とても大きい」ですが，こんな意味になるんです。女の子に使うと「お姉ちゃんになったのね。」という意味。

I'm proud of you. （ママすごくうれしい！）

　I'm proud of you. は直訳すると「私はあなたを誇りに思っている。」です。日本語ではあまりこのように言いませんが，英語ではわりとよく使われます。何かをめいっぱいほめたいときには，ぜひ心を込めてこのフレーズを使いましょう！

✳ more phrases ✳

☐ 間に合ったね。

You made it.
ユーメイディッ

漏らさずトイレに行けたときの表現。make it はここでは「間に合う」。
Did you make it?（間に合った？）

☐ おもらししちゃったね。

You wet your pants.
ユーウェッユアパンツ

wet は動詞で「濡らす」。pants は「ズボン」のことですが，たとえスカートをはいていても慣用的にこのように言うそうです。

応用

☐ 頭いいのね！
☐ やさしいのね！

You're so smart.
ユアソウスマート
You're so kind.
ユアソウカイン

頭がいいことや利口なことは smart や clever で表せます。kind は思いやりがあってやさしいこと。これらの表現を使って，ちょっと大げさに，思いっきりお子さんをほめてあげましょう！

井原家の子育て diary

私は，I'm proud of you.（あなたを誇りに思うわ。）ということの英語的な表現が大好きです。息子が初めてトイレで用を足せたとき，ずっと意地をはっていたのに最後にはきちんと I'm sorry. と言えたとき，などなど，いつもギュッと強く抱きしめながら耳元で I'm proud of you. と言ってきました。

先日，息子はお友達とおもちゃの取り合いを始めました。でも，最後には「はい」と貸してあげることができました。息子の成長ぶりに思わずうるうるしつつ，とっさに「ママはあなたを誇りに思うわ。」と日本語で言ってしまい，なんだか照れくさい思いをしました。I'm proud of you. は日本語にするといまいちしっくりこない表現ですね。（1歳7ヵ月）

3 頭洗ってあげる

track 52

Let's take a bath. （レッツテイカバス） お風呂入ろう。

Let me wash your hair. （レッミワッシュアヘア） 頭洗ってあげる。

Let's take a bath. （お風呂入ろう。）

お風呂場の外にいて言う表現です。

take a walk(散歩する), take a shower(シャワーを浴びる), take a nap(昼寝をする)など, 〈take＋a＋名詞〉は「〜する」という意味でよく登場します。

お風呂に入るときにもやはり take です。take a bath の a は「ひと風呂浴びる」の「ひと」と同じニュアンスですかね。

Let me wash your hair. （頭洗ってあげる。）

Let me 〜. は直訳すると「私に〜させて。」ですが,「〜してあげる。」と訳すとピッタリくることも多いです。親が子どもや赤ちゃんにひんぱんに使う表現のひとつです。

「頭を洗う」は英語では「hair(髪)を洗う」と言います。

✳ more phrases ✳

☐ （湯船（ゆぶね）に）入ろう。

Let's get in.
レッツゲリン

　Let's get in the bath. を短くした形。

　湯船から出るときのかけ声は Let's get out. です。（→p.65参照）

☐ 肩まで入って。

Get in up to your shoulders.
ゲッインアプトゥユアショルダズ

　英語圏ではお風呂の習慣が日本と違うので，このような定番表現もありません。でも，あえて英語にするなら up to your shoulders（肩まで）を使ってこんなふうに言えます。

応用
☐ おしり洗ってあげる。
☐ ママにやらせて。

Let me wash your bottom.
レッミワッシュアバトム
Let me do it.
レッミドゥーイッ

　〈Let me＋動詞〜．〉はぜひマスターしたい表現です。

　Let me help you.（ママに手伝わせて。）は Let me do it. よりやわらかい言い方になります。着替えや食事でも使える応用範囲の広いフレーズです。

Get in up to your shoulders.

4 背中洗ってくれる？

> **Can you wash my back?** 背中洗ってくれる？
> （キャニュワッシュマイバック）

> **Feels good!** 気持ちいい！
> （フィールズグーッ）

Can you wash my back?　（背中洗ってくれる？）

　Can you ～? はもちろん Can you swim?（泳げる？）のように，できるかどうかを聞くときに使われますが，「～してくれる？」と何か頼むときにもよく使われます。Would you ～? や Could you ～? はかなり丁寧な言い方ですが，Can you ～? はもう少しカジュアルな表現です。子どもにちょっとしたお願いをするときには大活躍します。

Feels good!　（気持ちいい！）

　That feels good. の That が省略されています。
　自分を主語にして I feel good. にすると「（体調がよくなり）元気で気分がいい」と自分の体調を伝える表現になってしまいます。背中を流してもらって気持ちがいいとき，お風呂につかって気持ちがいいときなどは，主語は That や It がピタッとくるのです。

トイレ・お風呂・寝るとき

✳ more phrases ✳

☐ 流すよ。

I'll rinse you off.
アイルリンスユーオフ

　rinse は動詞で「洗い流す」という意味で，「リンスをする」という意味ではありません。泡が体の表面から落ちて（離れて）いく感じが，off です。

☐ 10 まで数えよう。

Let's count to ten.
レッツカウントゥテン

　英語の発音練習には1から12までの数字を声に出して言うのが非常に効果的だそうです。この中に日本人が不得意とする難しい発音がたくさん含まれているからです。

応用

☐ そのタオル取ってもらえる？
☐ ドアを閉めてくれる？

Can you hand me that towel?
キャニュハンミダッタオエル
Can you close the door?
キャニュクロウズダドア

　依頼の Can you ～? はぜひマスターしましょう！ Can you hand me that towel? はお風呂上がりに，子どもの近くにあるタオルを「ママに手渡してくれる？」と言いたいときにどうぞ。もちろん，最後に please をつけても OK。もっと丁寧な感じになりますね。

井原家の子育て diary

　お風呂では本当にたくさんの体の部位名を覚えました。いつも息子の体を洗いながら，Let's wash your belly button.（おへそ洗おうね。）や Let's wash your toes.（足の指洗おうね。）とたくさん話しかけるようにしました。今では，息子は chin（あご），neck（首），elbow（ひじ），knee（ひざ）など，おもなものは日本語でも英語でも言えます。お風呂の英語タイムがなかったら，こんなふうになっていたかはわかりません。（2歳4ヵ月）

5 歯ブラシ持って

Let's brush your teeth. 歯をみがこう。
（レッツブラッシュアティース）

Hold your toothbrush. 歯ブラシ持って。
（ホウルデュアトゥースブラッシュ）

Let's brush your teeth. （歯をみがこう。）

　歯は1本だと a tooth，複数だと teeth。奥歯は back teeth，上の歯は top teeth，下の歯は bottom teeth で表します。

　ブラシを使ってみがく場合は，そのまま brush を動詞として使います。brush my hair(髪をとかす)というふうにも使えます。

　Let's で始めると親も一緒に手伝う感じが出ますが，Brush your teeth. だけだと「歯をみがきなさい。」となります。

Hold your toothbrush. （歯ブラシ持って。）

　hold は「つかむ，にぎる，持つ」。子どもの手に歯ブラシを持たせるときに，こんなふうに hold を使います。

　玄関の鍵を開けるときに荷物で両手がふさがっているときなども，「ちょっとこれ持って。」という意味で Can you hold this? と言えます。

トイレ・お風呂・寝るとき

✳ more phrases ✳

□ お口大きく開けて。

Open wide.
オウプンワイ

「お口ア〜ン。」という感じでしょうか。食事のときにも使えます。

□ ブクブクして。

Rinse your mouth.
リンスユアマウス

rinse は「洗い流す，ゆすぐ」という意味でしたね。(→p.129参照)

Rinse your mouth out. というと，ゆすいだあと「吐き出して」というニュアンスが強まります。

□ ペッて出して。

Spit it out.
スピリッアウッ

Spit.（ペッして。）だけでも OK。spit はつばなどを吐き出すことを言います。(→p.111参照)

映画を見ていたら，Spit it out! というセリフが聞こえたので，つばを吐いてほしいのかと思ったら「白状しろ。」の意味でした……。

応用

□ コップを持って。
□ 手をつないで。

Hold your cup.
ホウルデュアカップ
Hold my hand.
ホウルマイハン

コップを持たせて，うがいもさせましょう。
「（ママと）手をつないで。」というときは Hold my hand. ですが，「（子どもどうしで）手をつなぎなさい。」というときは Hold hands. になります。

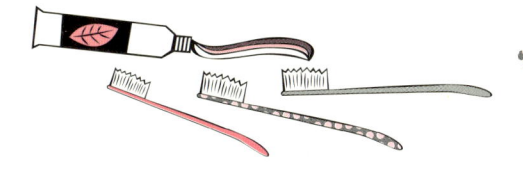

131

6 ママが絵本読んであげる track 55

Come here. カムヒーア　おいで。

I'll read to you. アイルリートゥユ　ママが絵本読んであげる。

Come here. （おいで。）

　私は最初，Come on. も Come here. も同じような意味だと思っていました。が，実は，Come here. が「ここにおいで。」であるのに対し，Come on. は自分がどこかに行くときに「（私にくっついて）一緒においで。」という意味なんだそうです。日本語の「さあ行こう。」や「ついてきて。」という感じでしょうか。また，Come on. は「急いで。」「早く！」「がんばって。」などという意味でも使われます。

I'll read to you. （ママが絵本読んであげる。）

　read to you は「読み聞かせる」という意味で，read for you になると，「代わりに読んであげる」という感じになります。たとえば，読めない箇所があって，「（そこだけ）ママが読んであげる。」というときは I'll read it for you. になります。

✳ more phrases ✳

☐ 絵本読もう。

Let's read a book.
<ruby>レッツリーダブック</ruby>

日本語ではよく子どもに「絵本」と言いますよね。最初,「絵本」はbookではなくpicture bookと言うべきか悩みましたが, ふつうは単にbookでOKです。

☐ おひざに座って。

Sit on my lap.
<ruby>スィロンマイラップ</ruby>

絵本を読むときや赤ちゃんに母乳を与えるときに使えます。

☐ おしまい。

The end.
<ruby>ディエン</ruby>

絵本を読み終わったあと, 英語ではThe end. と言います。よく飾り文字で最後のページに書いてありますよね。

[応用]
☐ ママが手伝ってあげるね。
☐ あっ, ママがやる。

I'll help you.
<ruby>アイルヘルピュー</ruby>
Ah, I'll do it.
<ruby>ア アイルドゥーイッ</ruby>

お子さんが何か難しいことにチャレンジしてなかなかできないときなどに, やさしくI'll help you. と声をかけられたらいいですね。

Ah, I'll do it. は, お子さんが飲み物を注ごうとしていて今にもこぼしそうなときや, はさみで手を切りそうなときなどに使えます。

133

7 電気消そうね

Let's turn off the light.　電気消そうね。
レッツトゥーノフダライッ

Sweet dreams.　いい夢見てね。
スウィーヂュリームズ

Let's turn off the light.　（電気消そうね。）

壁についているスイッチをパチッと消すときも，まくらもとのランプをカチッと消すときも，この表現が使えます。

Let's turn the light off. の語順でも OK ですし，もう少し簡単に，Let's turn it off. だけでも大丈夫です。

Sweet dreams.　（いい夢見てね。）

Sweet dreams. は「いい夢を。」という意味ですが，子どもを寝かしつけるときに日本語の「おやすみなさい。」というようなニュアンスでよく使われるそうです。

この表現では dream は複数形になります。でも，「きのうの夜，夢を見たの。」はふつう I had a dream last night. と単数形で言います。

トイレ・お風呂・寝るとき

✳ more phrases ✳

☐ おふとんにくるんであげる。

Let me tuck you in.
レッミタッキュイン

　tuck はズボンの「タック」と同じ言葉で，「折り込む」や「はさみ込む」「くるむ」という意味。

　ふとんのすそを体の下やベッドのマットレスの下に入れ込んでくるむ動作をいいます。ふとんをきちんとかけてあげて，おやすみのキスをして，と寝る前の儀式全般を指すこともあるようです。(→p.126参照)

☐ 愛しているよ。

I love you.
アイラヴュー

　一日の最後にはやっぱりこの言葉でキスをしてあげたいですね。

応用
☐ テレビ消して。
☐ お水とめて。

Turn off the TV.
トゥーノフダティーヴィー
Turn off the water.
トゥーノフダウォーター

　turn は,「回す」。電化製品を「つける」，お水を「出す」ときは turn on が使われます。

　Turn the TV off. のように名詞を off の前にもってきても OK。(→p.51参照)

井原家の子育て diary

　最近，息子はついに寝言を英語で言うようになりました。よく出るのは愛読（？）している「機関車トーマス」の話で，Thomas is running so fast.（トーマスはとっても速く走っているよ。）などと言っています。寝る前に読んだ英語の絵本の内容をモゴモゴ説明していることもあります。(2歳0ヵ月)

135

カオリの 英語で子育て進行中！

未来の予定，どう言えばいい？

■「明日おばあちゃんちに行くんだよ。」

最初にクイズです。子どもに「明日おばあちゃんちに行くんだよ。」と言うとき，英語では何と言ったらいいでしょう？

(1) We'll go to grandma's tomorrow.
　　ウィルゴウトゥグランマズトゥモロウ
(2) We're going to grandma's tomorrow.
　　ウィアゴウイングトゥグランマズトゥモロウ
(3) We're going to go to grandma's tomorrow.
　　ウィアゴウイングトゥゴウトゥグランマズトゥモロウ

さて，上の3つは一見どれも正しそうですよね。will も be going to も未来のことを表すときに使えたはずです。

じゃあ，3つとも正解？　いえいえ，実は(1)は正しいとは言えません。このような場合，ふつう will は使わないのです。

■will は「今」決めたこと・考えたことに使う

未来は未来でも，あらかじめ決めてある判断や予定にはふつう be going to を使います。上の例では，おばあちゃんの家に行くことを決めてから時間が経過していることが読みとれるので，be going to が使われるわけです。

反対に，もしおばあちゃんの家に行くことを「今」決めたとしたら，will を使うことになります。

パパ：I have to work this weekend.
　　　アイハフトゥワークディスウィーケン
　　　（今週末，仕事しなきゃいけないんだ。）
ママ：OK then, we'll go to grandma's.
　　　オウケイデン　ウィールゴウトゥグランマズトゥモロウ
　　　（いいわ，じゃあ，私たちはおばあちゃんちに行くわ。）

電話が鳴って，即座に「私が出る。」と言うときなども will を使います。

I'll get it.（私が出る。）
アイルゲリッ

子どもが危なっかしい手つきで何かをしようとしているのを見たときも，

Wait! I'll do it.（待って！　ママがやるから。）

と will を使って言うことができます。これは，やることを今決めたからです。もともと自分がやろうと思っていたことだとしたら，次のようにも言えます。

　　　Wait! I said I was going to do it!
　　　（待って！　今やってあげるところだって言ったでしょ？）

■３つの表現のニュアンスの違い

　be going to は時間の感覚が「今」だけでなく，**過去や未来にまたがっている**ように感じられます。一方，**will** は「今」考えたことを指し，そのぶん意味そのものは強くなるようです。

　ちなみに，答えの(2)と(3)を比べたとき，We're going to grandma's のほうが，心の準備を含め行く準備ができているように響くようです。

　また，We're going to go to 〜. は表現が長くなるぶん，少し丁寧に聞こえるという人もいます。が，基本的にそれほど大きな違いはないようです。

■注意するときのベンリ表現

　「英語で子育て」をしていてよく登場する未来の表現を最後にもうひとつ。

　息子がすごい勢いで走っていると，私はよく

　　　Don't run, or you're gonna fall.
　　　（走らないで，転んじゃうよ。）

と言います。「転んじゃうよ。」は will を使って You'll fall. と言うこともできます。このように，時間の感覚がはっきりしないものは，どちらを使ってもいいのです。ただ，**will** のほうが強い口調になります。

　　　Stop that, or you'll hurt yourself!
　　　（やめないとケガするよ！）

ステップアップ表現

track 57

トイレ・おむつ

☐ おしまい？ もっと(出る)？	Finished? More?
☐ おしりふいてあげる。	Let me wipe you.

お風呂

☐ お洋服脱ごう。	Let's take your clothes off.
☐ ママと(服脱ぎの)競争だよ。	Let's race.
☐ どっちが速いかな？	Who's faster?
☐ よーい，どん！	Ready, set, go!
☐ あひるちゃんが泳いでるよ。	The duck's swimming.
☐ お水バシャバシャしないで。	Don't splash around.
☐ 目にせっけんが入った？	You got soap in your eyes?
☐ 目を閉じて。	Close your eyes.

絵本

☐ 好きな本を選んで。	Pick a book.
☐ こっちにきておひざに座って。	Come sit on my lap.
☐ ページをめくろうね。	Let's turn the page.
☐ 本をやぶかないでね。	Don't tear the book.
☐ 絵を見て。	Look at the pictures.
☐ これ何かわかる？	Do you know what this is?

さくいん

　この本に収録されている主な表現が日本語から引けるようになっています。キーとなる語句から、簡単に引くことができます。

あ

あいさつ
いただきます！ ……………………107
おはよう！ …………………………38
おはよう、お寝坊さん。……………41
おやすみ。…………………………121
今日はごきげんね。…………………43
今朝はごきげんいかが？……………43
パパに「行ってきます」って言って。…55

愛しているよ。……………………121, 135
アイディア
　いいアイディアね！ ………………34
アイロンかけてるから。………………96
赤
　赤になるよ。 ………………………67
　赤よ。 ………………………………67
あくび
　大きなあくび！ ……………………41
開ける
　開けてあげるね。 …………………103
　「開けてください」は？ ……………102
　お口開けて。 ………………………109
　お口大きく開けて。 ………………131
　鍵を開けよう。 ……………………80
あげる／〜してあげる
　足あげて。 …………………………49
　開けてあげるね。 …………………103
　頭洗ってあげる。 …………………126
　おしり洗ってあげる。 ……………127
　おしりふいてあげる（ね）。 ……123, 138
　おててふいてあげる。 ……………51
　おふとんにくるんであげる（ね）。 …121, 135
　皮をむいてあげるね。 ……………118
　（ママが）手伝ってあげるから／あげるね。…39, 133
　ベビーカーに乗せてあげるね。 …65
　ママが絵本読んであげる。 ………132

朝ごはん
　朝ごはん食べる？ …………………52
　朝ごはん何がいい？ ………………53
　パパは朝ごはん食べてるよ。 ……45
足あげて。…………………………49
遊ぶ
　遊びに行こう！ ……………………51
　砂場で遊ぶ？ ………………………73
　すべり台で遊ぶ？ …………………72
　食べ物で遊んじゃダメよ。 ………110
　仲良く遊んでね。 …………………74
　ブランコで遊ぶ？ …………………73
頭
　頭洗ってあげる。 …………………126
　頭いいのね！ ………………………125
　頭がひっかかっちゃったね！ ……58
当たり！ …………………………79, 115
熱い
　まだ熱いよ。 ………………………118
当てる
　当てっこゲームしようよ！ ………78
　もう一度当ててね！ ………………79
あとひと口！ ……………………113
危ない！ …………………………67
甘いもの食べすぎないでね。 …118
雨
　雨が降ってきそうだよ。 …………63
　今日は雨だよ。 ……………………63
あやまりなさい。 ………………103
洗う
　頭洗ってあげる。 …………………126
　お皿を洗ってるのよ。 ……………93
　おしり洗ってあげる。 ……………127
　お風呂を洗わなきゃ。 ……………96
　顔や手を洗いに行こう。 …………50
　背中洗ってくれる？ ………………128
　手を洗っていらっしゃい／洗っておいで。…98, 100
ありがとう
　ありがとう。 ……………………83, 90
　「ありがとう」は？ ………………103

139

い

いい子
- いい子ね。 …………………………………… 29
- いっぱい寝ていい子ね。 ……………………… 58
- (今日は)とってもいい子だったね。 …… 31, 121

言う
- (こういうとき)何て言うの／言うんだっけ？ … 33, 103
- パパに「行ってきます」って言って。 ……… 55

行く
- 遊びに行こう！ ………………………………… 51
- 行く時間よ。 …………………………………… 41
- 行くわよ！ …………………………………… 120
- お金払いに行こう。 …………………………… 80
- お外(に)行こう！ ………………………… 60, 62
- お仕事に行っちゃったよ。 …………………… 44
- 顔や手を洗いに行こう。 ……………………… 50
- 今日はどこ行ったっけ？ ……………………… 31
- 探しに行こう！ ………………………………… 51
- 自転車で行く？ ………………………………… 65
- 電車行っちゃったね〜。 ……………………… 45
- ひとりで行ける？ …………………………… 123
- ママ行っちゃうよ！ …………………………… 77
- もうすぐ行かなきゃいけないよ。 …………… 53

イスに座って。 ……………………………… 98, 105
急いで。 ……………………………………………… 53
いただきます！ …………………………………… 107
一緒に仲良く使って。 ……………………………… 74

いっぱい
- お口いっぱいにしてしゃべらないで。 ……… 118
- おなかいっぱい？ …………………………… 112

犬
- わんわんがいるよ。 …………………………… 70
- わんわん好き？ ………………………………… 70

いらっしゃい
- テーブルにいらっしゃい。 ………………… 104

入れる
- お風呂にお湯を入れなきゃ。 ………………… 96
- これその箱に入れて。 ………………………… 83
- これ(それ)ゴミ箱に入れて。 …………… 83, 89
- その穴に入れて回すんだよ。 ………………… 80
- それそこに入れて。 …………………………… 89
- それビデオデッキに入れて。 ………………… 88

色
- これに色を塗ろう。 …………………………… 96
- 何色がいい？ …………………………………… 85

う

ウエハースを食べようね。 ……………………… 101

うれしい
- お手伝いしてくれて，ママうれしい。 …… 109
- 全部自分でできてえらいね。ママうれしい。 … 109
- ママすごくうれしい！ ……………………… 124
- 喜んでくれてうれしい！ ……………………… 99

うんち？ …………………………………………… 122

え

絵本
- 絵本読もう。 ………………………………… 133
- ママが絵本読んであげる。 ………………… 132

選ぶ
- 好きな本を選んで。 ………………………… 138

絵を見て。 ………………………………………… 138

お

おいしい
- おいしい？ …………………………………… 99, 108
- おいしい(ね)。 ……………………………… 99, 118

おいで
- おいで。 ……………………………………… 132
- 降りておいで〜！ ……………………………… 72
- ママのところにおいで。 ……………………… 43

お絵描きしよう。 ………………………………… 84

起きる
- 起きる時間よ。 …………………………… 38, 40
- 自分で起きたの？ ……………………………… 58

おしっこ？ ………………………………………… 122

おしまい
- おしま(〜)い(。)。 ………………… 83, 121, 133
- おしまい？ …………………………………… 112, 138

おしり
- おしり洗ってあげる。 ……………………… 127
- おしりふいてあげる(ね)。 …………… 123, 138

押す

1階押して。 …………………………………80
下に行くボタン押して。 …………………80
遅くなっちゃうよ。 …………………………76
落ちる
床に落ちたものは食べないで。 …………111
おっぱい飲む？ ………………………………53
おなか
おなかいっぱい？ …………………………112
おなかすいた？ ………………………………99
お願い。 ………………………………………93
おねしょしちゃったの？ …………………58
おはよう
おはよう！ …………………………………38
おはよう、お寝坊さん。 …………………41
覚えてる？ …………………………………31
おむつ換えようね。 ………………………123
おもちゃ
お友達のおもちゃ取らないで。 …………75
おもちゃ片づけて。 ………………………87
おやすみ。 …………………………………121
おやつ
おやつ食べる？ ……………………………100
おやつほしい？ ……………………………114
泳ぐ
あひるちゃんが泳いでるよ。 ……………138
降りておいで〜！ …………………………72
終わる
テレビの時間は終わりよ。 ………………89

か

カートに乗る？ ……………………………80
(すべり台の)階段登れる？ ………………73
買い物
ちょっとお買い物しよう。 ………………77
買う
今日はそれは買わないよ。 ………………80
帰る
おうちに帰る時間だよ。 …………………76
換える
おむつ換えようね。 ………………………123
鍵
鍵かけられる？ ……………………………80

鍵忘れちゃった。 ……………………………61
鍵を開けよう。 ………………………………80
鍵をかけなきゃ。 ……………………………61
隠す
ママが隠しちゃうよ！ ……………………114
風
今日はすごく風が強いよ。 …………………63
数える
10まで数えよう。 …………………………129
片づける
おもちゃ片づけて。 …………………………87
片づけよう！ …………………………82, 86
テーブル片づけるの手伝ってくれる？ ……96
肩まで入って。 ……………………………127
噛む
よく噛んでね。 ……………………………109
カレー
今日はカレーよ。 …………………98, 107
皮をむいてあげるね。 ……………………118
がんばる
がんばったね！ ………………………………83
少しだけがんばって。 ………………………29

き

着替える
お洋服に着替えよう。 ……………………38, 46
着替えようね。 ………………………………47
きちんと
きちんと食べて。 ……………………………75
きちんと丁寧にお願いして。 ………………75
気持ちいい！ ………………………………128
逆
うしろと前が逆だよ。 ………………………58
救急車だ。 ……………………………………71
ギューッてして。 …………………38, 42
牛乳
冷蔵庫に牛乳があるよ。 …………………101
行儀
お行儀よくね。 ……………………………110
競争
ママと(服脱ぎの)競争だよ。 ……………138
切る

これを切り抜こう。 ……………………… 96
着る
　今日は何着る？ ………………………… 38, 46
　どれ着る？ ………………………………… 47
きれい
　きれいになった？ ………………………… 51
　すごくきれい！ …………………………… 30
　とってもきれいだね。 …………………… 68
気をつける
　気をつけて。 ……………………………… 67
　車に気をつけてね。 ……………………… 80
　はさみに気をつけて。 …………………… 96

く

口
　お口開けて。 ……………………………… 109
　お口いっぱいにしてしゃべらないで。 … 118
　お口大きく開けて。 ……………………… 131
くつ
　おくつはいてね。 ………………………… 60
　くつ脱いで。 ……………………………… 49
クッキーあるよ。 ………………………… 101
くつ下
　くつ下脱いで。 …………………………… 49
　くつ下はいてね。 ………………………… 39
曇り
　今日は曇ってるよ。 ……………………… 63
暗くなってきたよ。 ……………………… 77
車
　今日は車に乗ってお出かけだよ。 ……… 80
　車（一台）来てるよ。 …………………… 80
　車に気をつけてね。 ……………………… 80
　車に乗って。 ……………………………… 65
くるむ
　おふとんにくるんであげる(ね)。 … 121, 135
くれる／〜してくれる
　背中洗ってくれる？ ……………………… 128
　テーブル片づけるの手伝ってくれる？ … 96
　手伝ってくれる？ ………………………… 92
　ドアを閉めてくれる？ …………………… 129
　私に（くれるの）？ ……………………… 118

け・こ

ゲーム
　当てっこゲームしようよ！ ……………… 78
消す
　テレビ消して(ね)。 ………………… 96, 135
　電気消そうね。 ……………………… 121, 134
ごきげん
　今日はごきげんね。 ……………………… 43
　今朝はごきげんいかが？ ………………… 43
こぼす
　ボロボロこぼしてるよ。 ………………… 118
ゴミ箱
　これ（それ）ゴミ箱に入れて。 …… 83, 89
ごめんね。 ………………………………… 83
これ
　これ？ ……………………………………… 47
　これ？　それともこれ？ …………… 35, 39

さ

探す
　探しに行こう！ …………………………… 51
　パパ探してるの？ ………………………… 44
さがってくださ〜い。 …………………… 89
魚
　今日はお魚よ。 …………………………… 106
冷ます
　フーフーして。 …………………………… 111
寒くなってきたよ。 ……………………… 77
冷める
　冷めるまで待って。 ……………………… 118
　早く来ないと冷めちゃうよ。 …………… 105
覚める
　目が覚めた？ ……………………………… 41
　もう目が覚めちゃったの？ ……………… 58
皿
　お皿がいるね。 …………………………… 103
　お皿の上のもの全部食べてね。 ………… 113
　お皿を洗ってるのよ。 …………………… 93
触る
　それ触らないで！ ………………………… 80

142

し

時間
- 行く時間よ。 …………………………… 41
- おうちに帰る時間だよ。 ……………… 76
- 起きる時間よ。 ………………………… 38, 40
- テレビの時間は終わりよ。 …………… 89
- 寝る時間よ。 …………………………… 41, 120

仕事
- お仕事に行っちゃったよ。 …………… 44

じっとして。 ………………………………… 49

自転車で行く？ ……………………………… 65

閉める
- ドアを閉めてくれる？ ………………… 129

しゃべる
- お口いっぱいにしてしゃべらないで。 …… 118

ジュースいる？ ……………………………… 101

10まで数えよう。 …………………………… 129

順番よ。 ……………………………………… 75

準備オッケー？ ……………………………… 61, 64

消防車！ ……………………………………… 69

信号
- 信号青だよ。 …………………………… 66
- 信号見て。 ……………………………… 69

新聞をもらえるかしら？ …………………… 91

す・せ・そ

好き／好きな
- 好き嫌いしないでね。 ………………… 111
- 好きな番組始まるよ。 ………………… 96
- 好きな本を選んで。 …………………… 138
- 電車好き？ ……………………………… 71
- ハンバーガー好き？ …………………… 71
- わんわん好き？ ………………………… 70

すごいね！ …………………………………… 28

ステキだわ！ ………………………………… 39

ストローいる？ ……………………………… 118

砂場で遊ぶ？ ………………………………… 73

すべり台で遊ぶ？ …………………………… 72

ズボンはこうね。 …………………………… 48

する
- 次，何する？ …………………………… 47
- 何してるの？ …………………………… 82

座る
- イスに座って。 ………………………… 98, 105
- （こっちにきて）おひざに座って。 …… 133, 138
- 座って見てくださ～い。 ……………… 96

せっけん
- せっけんつけて。 ……………………… 50
- 目にせっけんが入った？ ……………… 138

背中洗ってくれる？ ………………………… 128

セロハンテープ
- ここにセロハンテープではろう。 …… 96

洗濯
- お洗濯してるのよ。 …………………… 93
- 洗濯物たたんでるのよ。 ……………… 92

掃除機かけさせて！ ………………………… 93

そっちにいて。 ……………………………… 96

外
- お外(に)行こう！ ……………………… 60, 62
- お外見て。 ……………………………… 63

た

大丈夫だよ。 ………………………………… 58

大切
- 物を大切にしてね。 …………………… 87

出す
- お水出して。 …………………………… 51
- ペーッて出さないで。 ………………… 111
- ペッて出して。 ………………………… 131

たたむ
- 洗濯物たたんでるのよ。 ……………… 92

楽しい
- 楽しいね。 ……………………………… 85
- 楽しんできてね。 ……………………… 54

食べ物で遊んじゃダメよ。 ………………… 110

食べる
- 朝ごはん食べる？ ……………………… 52
- 甘いもの食べすぎないでね。 ………… 118
- ウエハースを食べようね。 …………… 101
- お皿の上のもの全部食べてね。 ……… 113
- おやつ食べる？ ………………………… 100
- きちんと食べて。 ……………………… 75
- さっさと食べちゃって。 ……………… 113

143

全部食べてえらいね。ママうれしい。 ……………113
食べよう！ ……………………………………99
何食べたい？ ……………………………47
バナナ食べる？ …………………………101
パパは朝ごはん食べてるよ。 ……………45
みかんを食べよう。 ……………………118
床に落ちたものは食べないで。 …………111

ダメ
食べ物で遊んじゃダメよ。 ……………110
だめ，それ触らないで！ ………………80
トイレの水を流さなきゃダメだよ。 ……123
走るのダメよ。 ……………………………32

誰だろ？ …………………………………118

ち・つ・て

チューして。 ………………………………43

ちょうだい
それちょうだい。 …………………………43

散らかる
散らかさないでね。 ………………………87
散らかしちゃってるわねえ。 ……………87
散らかってるねえ。 …………………82, 86
なんて散らかってるの！ …………………87

つかまる
しっかりつかまって。 ……………………73
ママにつかまって。 ………………………58

作る
夕食作らなきゃ。 ………………………123

手
おててふいてあげる。 ……………………51
こっちの手！ …………………………114
手づかみしないで。 ……………………111
手を洗っていらっしゃい／洗っておいで。 …98, 100
手をつないで。 …………………………131
どっちの手かな？ ………………………114

ティッシュをもらえるかしら？ ……………90
テーブルにいらっしゃい。 ………………104

できる
できるよ！ ………………………………36
自分でできる？ …………………………36
ホットケーキできたよ。 …………………105
夕食できたよ〜。 …………………98, 104

よくできたね。 ……………………………36

手伝う
お手伝いしてくれて，ママうれしい。 …………109
テーブル片づけるの手伝ってくれる？ …………96
（ママが）手伝ってあげるから／あげるね。…39, 133
手伝ってくれる？ …………………………92

テレビ
テレビ消して（ね）。 …………………96, 135
テレビに近すぎるよ。 ……………………96
テレビの時間は終わりよ。 ………………89
テレビ見せて！ …………………………93

天気
今日はいい天気よ。 …………………60, 62

電気消そうね。 ……………………121, 134

電車
電車行っちゃったね〜。 …………………45
電車好き？ ………………………………71

電話だ。 …………………………………118

と

トイレ
おトイレなの？ …………………………122
トイレの水を流さなきゃダメだよ。 ……123

どこ
お日さまはどこかな？ ……………………63
今日はどこ行ったっけ？ …………………31

閉じる
目を閉じて。 ……………………………138

どっち
牛乳とお茶どっちがいい？ ………………52
トーストにバターとジャムどっちつける？ ……53
どっちがいい？ …………………………35
どっちが早いかな？ ……………………138
どっちの手かな？ ………………………114
ヨーグルトとヤクルトどっちがいい？ ……53

どの本がいいかしら？ …………………120

止まる
「赤」は「止まれ」よ。 ……………………67
止まって！ ………………………………67

とめる
お水とめて。 ……………………………135

友達

お友達のおもちゃ取らないで。・・・・・・・・・・75

取る
お友達のおもちゃ取らないで。・・・・・・・・・・75
クレヨンひとつ取って。・・・・・・・・・・84
そのタオル取ってもらえる？・・・・・・・・・・129
それ取ってもらえる？・・・・・・・・・・91
のり取って。・・・・・・・・・・85
はさみ取って。・・・・・・・・・・85
リモコン取ってもらえる？・・・・・・・・・・91

どれ着る？・・・・・・・・・・47

な・に・ぬ

流す
トイレの水を流さなきゃダメだよ。・・・・・・・・・・123
流すよ。・・・・・・・・・・129

仲良く
一緒に仲良く使って。・・・・・・・・・・74
仲良く遊んでね。・・・・・・・・・・74

なくなる
全部なくなっちゃったよ。・・・・・・・・・・113

何
朝ごはん何がいい？・・・・・・・・・・53
今日は何着る？・・・・・・・・・・38, 46
これ何かわかる？・・・・・・・・・・138
これ，な〜んだ！・・・・・・・・・・78
次，何する？・・・・・・・・・・47
何色がいい？・・・・・・・・・・85
何してるの？・・・・・・・・・・82
何食べたい？・・・・・・・・・・47
（こういうとき）何て言うの／言うんだっけ？・・・33, 103

なる
赤になるよ。・・・・・・・・・・67
遅くなっちゃうよ。・・・・・・・・・・76
お兄ちゃんになったね。・・・・・・・・・・124
きれいになった？・・・・・・・・・・51
暗くなってきたよ。・・・・・・・・・・77
寒くなってきたよ。・・・・・・・・・・77

におい
いいにおいでしょ。・・・・・・・・・・106

脱ぐ
お洋服脱ごう。・・・・・・・・・・138
くつ下脱いで。・・・・・・・・・・49

くつ脱いで。・・・・・・・・・・49
パジャマ脱ごうね／脱いで。・・・・・・・・・・39, 48

濡らす
ベッド濡らしちゃった？・・・・・・・・・・58

塗る
これに色を塗ろう。・・・・・・・・・・96

ね・の

猫ちゃん，いなくなっちゃった。・・・・・・・・・・45

眠い／眠る
まだ眠い？・・・・・・・・・・40
よく眠れた？・・・・・・・・・・38, 42

寝る
いっぱい寝ていい子ね。・・・・・・・・・・58
寝る時間よ。・・・・・・・・・・41, 120
パパはまだ寝てるよ。・・・・・・・・・・45
もう少し寝ようよ。・・・・・・・・・・58

登る
（すべり台の）階段登れる？・・・・・・・・・・73

飲み込む
それ先に飲み込んでから。・・・・・・・・・・118

飲む
おっぱい飲む？・・・・・・・・・・53

のり
ここにのりではろう。・・・・・・・・・・96
のり取って。・・・・・・・・・・85

乗る
カートに乗る？・・・・・・・・・・80
今日は車に乗ってお出かけだよ。・・・・・・・・・・80
車に乗って。・・・・・・・・・・65
乗るよ。・・・・・・・・・・80
ベビーカーに乗せてあげるね。・・・・・・・・・・65
ベビーカーに乗って。・・・・・・・・・・64

は

歯
歯ブラシ持って。・・・・・・・・・・130
歯をみがこう。・・・・・・・・・・130

はい，どうぞ。・・・・・・・・・・33, 35, 102, 115

入る
お風呂入ろう。・・・・・・・・・・126
肩まで入って。・・・・・・・・・・127

145

（湯船に）入って。 ………………………… 65
（湯船に）入ろう。 ………………………… 127
目にせっけんが入った？ ………………… 138

はく
おくつはいてね。 ………………………… 60
くつ下はいてね。 ………………………… 39
ズボンはこうね。 ………………………… 48

励ます
できるよ！ ………………………………… 36
少しだけがんばって。 …………………… 29
やってみたら？ …………………………… 36

はさみ
はさみ取って。 …………………………… 85
はさみに気をつけて。 …………………… 96

始まる
好きな番組始まるよ。 …………………… 96

バシャバシャ
お水バシャバシャしないで。 …………… 138

走る
走るのダメよ。 …………………………… 32

はずす
ボタンはずそうね。 ……………………… 49

はずれ～。 ………………………………… 115
ハトさんがいるよ。 ……………………… 71
バナナ食べる？ ………………………… 101

早い／早く／速い
どっちが速いかな？ ……………………… 138
早送りしよう。 …………………………… 96
早く！ ……………………………………… 99
早く来ないと冷めちゃうよ。 …………… 105
まだ早いよ。 ……………………………… 58

払う
お金払いに行こう。 ……………………… 00

はる
ここにセロハンテープではろう。 ……… 96
ここにのりではろう。 …………………… 96

ハンカチ持った？ ………………………… 55

番組
好きな番組始まるよ。 …………………… 96

バンザイして。 …………………………… 58
ハンバーガー好き？ …………………… 71
（クッキーなどを）半分にしよう。 …… 118

ひ・ぶ

飛行機！ …………………………………… 69

ひざ
（こっちにきて）おひざに座って。 … 133, 138

ひっかかる
頭がひっかかっちゃったね！ …………… 58

ビデオ
それビデオデッキに入れて。 …………… 88
ビデオ見る？ ……………………………… 88

ひと口
あとひと口！ ……………………………… 113

ひとつ
ひとつしかないよ。 ……………………… 118
ひとつはあなた，ひとつは私に。 ……… 118

ひとりで行ける？ ……………………… 123
フーフーして。 …………………………… 111

ふく
おしりふいてあげる(ね)。 …………… 123, 138
おててふいてあげる。 …………………… 51

ブクブクして。 …………………………… 131

豚肉
今日は豚肉よ。 …………………………… 107

ふとん
おふとんにくるんであげる(ね)。 …… 121, 135

ブランコで遊ぶ？ ……………………… 73

風呂
お風呂にお湯を入れなきゃ。 …………… 96
お風呂入ろう。 …………………………… 126
お風呂を洗わなきゃ。 …………………… 96
（湯船に）入って。 ………………………… 65
（湯船に）入ろう。 ………………………… 127

へ・ほ

ペ（ー）ッ
ペーッて出さないで。 …………………… 111
ペッて出して。 …………………………… 131

ベビーカー
ベビーカーに乗せてあげるね。 ………… 65
ベビーカーに乗って。 …………………… 64

ベルトしようね。 ………………………… 65

弁当

お弁当持った？ ……………………………55

ほしい
おやつほしい？ ………………………114

ボタンはずそうね。 ……………………49
ホットケーキできたよ。 ……………105

ほめる

いいアイディアね！ ……………………34
いい子ね。 ………………………………29
いっぱい寝ていい子ね。 ………………58
お兄ちゃんになったね。 ……………124
がんばったね！ …………………………83
すごいね！ ………………………………28
ステキだわ！ ……………………………39
全部自分でできてえらいね。ママうれしい。 109
全部食べてえらいね。ママうれしい。 …113
(今日は)とってもいい子だったね。 ……31, 121
よくできたね。 …………………………36

本
好きな本を選んで。 …………………138
どの本がいいかしら？ ………………120
本をやぶかないでね。 ………………138
本読もうよ。 …………………………120

ま・み

待つ
冷めるまで待って。 …………………118
ちょっと待ってね。 ……………………61

間に合ったね。 …………………………125

回す
その穴に入れて回すんだよ。 …………80

みがく
歯をみがこう。 ………………………130

みかんを食べよう。 …………………118

水
お水出して。 ……………………………51
お水止めて。 …………………………135
お水バシャバシャしないで。 ………138

見せる
かわいいお顔見せて。 …………………58
テレビ見せて！ …………………………93

見る
あのお花見て！ …………………………68

いい夢(を)見てね。 ………………121, 134
上見て！ …………………………………69
絵を見て。 ……………………………138
お外見て。 ………………………………63
お月さま見て。 …………………………69
信号見て。 ………………………………69
座って見てくださ〜い。 ………………96
ビデオ見る？ ……………………………88
ママのこと見て。 ………………………69
見て！ ……………………………30, 69

む・め・も

迎える
3時に迎えに行くね。 …………………55

むく
皮をむいてあげるね。 ………………118

目
目が覚めた？ ……………………………41
目にせっけんが入った？ ……………138
目に悪いよ。 ……………………………96
目を閉じて。 …………………………138
もう目が覚めちゃったの？ ……………58

めくる
ページをめくろうね。 ………………138

もう少しど〜お？ ……………………109

持つ
お弁当持った？ …………………………55
コップを持って。 ……………………131
歯ブラシ持って。 ……………………130
ハンカチ持った？ ………………………55

もっと(出る)？ ……………………138

戻す
もとの場所に戻して。 …………………80

物を大切にしてね。 ……………………87

もらう／〜してもらう
新聞をもらえるかしら？ ………………91
そのタオル取ってもらえる？ ………129
それ取ってもらえる？ …………………91
それもらえるかしら？ …………………91
ティッシュをもらえるかしら？ ………90
リモコン取ってもらえる？ ……………91

もらす

147

おもらししちゃったね。……………………125

や・ゆ・よ

やけどしちゃうよ。……………………118
やさしいのね。（！）……………………90,125
やぶく
　本をやぶかないでね。………………138
やる
　ママがやるから。……………………133
　ママにやらせて。……………………127
　やってみたら？………………………36
夕食
　夕食作らなきゃ。……………………123
　夕食できたよ〜。……………………98,104
雪
　今日は雪だよ。………………………63
夢
　いい夢(を)見てね。…………………121,134
用意しよう。……………………………105
よーい，どん！…………………………138
洋服
　お洋服に着替えよう。………………38,46
　お洋服脱ごう。………………………138

よかった！………………………………38,108
よだれ
　よだれかけしようね。………………105
　よだれグショグショだね。…………107
呼ぶ
　パパを呼んできて。…………………107
読む
　絵本読もう。…………………………133
　本読もうよ。…………………………120
　ママが絵本読んであげる。…………132
喜ぶ
　喜んでくれてうれしい！……………99

り・わ

リモコン取ってもらえる？……………91
わかる
　これ何かわかる？……………………138
　わかるかな？…………………………78
　忘れ物ない(かな)？…………………54,60
忘れる
　鍵忘れちゃった！……………………61
渡る
　じゃ渡ろう。…………………………66

CD袋：PP
CD盤：PC

■編集協力：今居美月　■英文校閲：Simon Downes, Nicole Hartley, Carla Ito, Peter Mawson
■表紙デザイン：近藤由香　■表紙イラスト：開地徹　■本文デザイン：岡崎百合子，近藤由香
■本文イラスト：青木こずえ，北村友紀，Taji.chao，藤井恵，ワダフミエ　■DTP：(株)明昌堂
■CD録音：(株)ログ企画　■ナレーション：Bianca Allen, Rumiko Varnes, 住友七絵

井原さんちの英語で子育て	この本に関する各種お問い合わせは，下記にお願いいたします。
著　者　井原香織	〈電話の場合〉
発行人　土屋　徹	・編集内容については　☎03-6431-1551（編集部直通）
編集人　黒田隆暁	・在庫，不良品（乱丁・落丁）については
編集長　堀江朋子	☎03-6431-1199（販売部直通）
発行所　株式会社 学研教育出版	〈文書の場合〉
東京都品川区西五反田2-11-8	〒141-8418　東京都品川区西五反田2-11-8
発売元　株式会社 学研マーケティング	学研お客様センター「井原さんちの英語で子育て」係
東京都品川区西五反田2-11-8	この本以外の学研商品に関するお問い合わせは
印刷所　サンメッセ株式会社	☎03-6431-1002（学研お客様センター）

©Kaori Ihara 2004　Printed in Japan
本書の無断転載・複製・複写（コピー）・翻訳を禁じます。本書を代行業者等の第三者に依頼してスキャンやデジタル化することは，たとえ個人や家庭内の利用であっても，著作権法上，認められておりません。
⑨　データ管理コード13-1557-2245　(QX③)

| 巻末ふろく | **お役立ち！クイック暗記シート** |

英語で言いたいと思っても，とっさには口から出てこないこともあると思います。そんなときに活躍するのがこのクイック暗記シート。ここでは，**よく使う重要な表現**を，居間や洗面所などの**使われる場所別**にまとめてあります。

使い方　キリトリ線で切り取り，必要な場所に置いたり，壁や冷蔵庫にはるなど，とにかく**いつでも目につくところ**に置いておきましょう。言いたいことをサッと英語で言うのに便利です。そのうちシートを見ずにスラスラと表現を使うことができると思います。

マジック・フレーズ

track 58

▼マジック・フレーズは場所を選ばず使えます。

☐	わー，すごいね！	Wow, that's great!
☐	いい子ね。	Good boy (girl)!
☐	見て！	Look!
☐	すごくきれい！	So pretty!
☐	とってもいい子だったね。	You were a very good boy.
☐	走るのダメよ！	No running, please!
☐	はい，どうぞ。	Here you are.
☐	何て言うんだっけ？	What do you say?
☐	いいアイディアね！	Good idea!
☐	これ？ それともこれ？	This one, or this one?
☐	やってみたら？ できるよ！	Try! You can do it!
☐	よくできたね。	Good job!

切り取って使いましょう。

居間

☐	お絵描きしよう。	Let's draw a picture.
☐	クレヨンひとつ取って。	Hand me a crayon, please.
☐	はさみ取って。	Hand me the scissors, please.
☐	何色がいい？	Which color do you want?
☐	楽しいね。	It's fun, isn't it?
☐	散らかってるねえ。	It's messy in here!
☐	片づけよう！	Let's clean up!
☐	おもちゃ片づけて。	Put your toys away.
☐	ビデオ見る？	You want to watch a video?
☐	それビデオデッキに入れて。	Put it in the VCR.
☐	テレビに近すぎるよ。	You're too close to the TV.
☐	さがってくださ〜い。	Move back, please.
☐	ティッシュをもらえるかしら？	Can I have a tissue?
☐	ありがとう。やさしいのね。	Thank you. You're so sweet.
☐	それそこに入れて。	Put that in there.
☐	それゴミ箱に入れて。	Put that in the trash.
☐	お洗濯してるのよ。	I'm doing some laundry.
☐	洗濯物たたんでるのよ。	I'm folding clothes.
☐	手伝ってくれる？	Can you help me?
☐	お願い，掃除機かけさせて！	Let me vacuum, please!
☐	お願い，テレビ見せて！	Let me watch TV, please!

子ども部屋（寝室）①

☐	起きる時間よ！	Time to get up!
☐	まだ眠い？	Are you still sleepy?
☐	よく眠れた？	Did you sleep well?
☐	わ，大きなあくび！	Wow, big yawn!
☐	あ，目が覚めた？	Ah, you're awake?
☐	ママのところにおいで。	Come to Mommy.
☐	ギューッてして。	Give me a hug.
☐	チューして。	Give me a kiss.
☐	パパ探してるの？	Are you looking for Daddy?
☐	お仕事に行っちゃったよ。	He's gone to work.
☐	（パパは）まだ寝てるよ。	He's still sleeping.
☐	寝る時間よ。	Time for bed.
☐	寝よう。（ベッドに行こう。）	Let's go to bed.
☐	おいで。	Come here.
☐	おひざに座って。	Sit on my lap.
☐	ママが絵本読んであげる。	I'll read to you.
☐	おしまい。	The end.
☐	おふとんにくるんであげる。	Let me tuck you in.
☐	電気消そうね。	Let's turn off the light.
☐	いい夢見てね。	Sweet dreams.
☐	愛しているよ。	I love you.

切り取って使いましょう。

子ども部屋(寝室)②

お洋服に着替えよう。	Let's get dressed.
今日は何着る？	What do you want to wear today?
これ？	This one?
どれ着る？	Which one do you want to wear?
着替えようね。	Let's change your clothes.
パジャマ脱いで。	Take off your pajamas.
ズボンはこうね。	Let's put on your pants.
じっとして。	Hold still.
バンザイして。	Put your arms up.
足あげて。	Lift up your leg.
くつ下脱いで。	Take off your socks.
頭がひっかかっちゃったね！	Oh, your head's stuck!
ボタンはずそうね。	Let's unbutton it.
うしろと前が逆だよ。	It's on backwards.
ママにつかまって。	Hold on to Mommy.
おねしょしちゃったの？	Did you have an accident?
ベッド濡らしちゃった？	Did you wet your bed?
大丈夫だよ。	That's OK.
おむつ換えようね。	Let's change your diaper.
おしりふいてあげるね。	Let me wipe your bottom.
くさ～い！	It's stinky!

切り取って使いましょう。

ダイニングテーブル①

☐	朝ごはん食べる？	**Want some breakfast?**
☐	朝ごはん何がいい？	**What do you want for breakfast?**
☐	牛乳とお茶どっちがいい？	**You want milk or tea?**
☐	ヨーグルトとヤクルトどっちがいい？	**You want yogurt or Yakult?**
☐	牛乳（おっぱい）いる？	**You want some milk?**
☐	おやつ食べる？	**Do you want a snack?**
☐	手を洗っておいで。	**Go wash your hands.**
☐	冷蔵庫に牛乳があるよ。	**There's milk in the fridge.**
☐	クッキーあるよ。	**We have cookies.**
☐	バナナ食べる？	**Do you want a banana?**
☐	ジュースいる？	**Do you want some juice?**
☐	「開けてください。」は？	**Say "Open it, please."**
☐	「ありがとう。」は？	**Say "Thank you."**
☐	お皿がいるね。	**You need a plate.**
☐	開けてあげるね。	**Let me open it.**
☐	夕食できたよ〜。	**Dinner's ready!**
☐	テーブルにいらっしゃい。	**Come to the table.**
☐	イスに座って。	**Sit in your chair.**
☐	今日はお魚よ。	**We're having fish today!**
☐	いいにおいでしょ。	**Smells good, doesn't it?**
☐	お口開けて。	**Open up!**

切り取って使いましょう。

ダイニングテーブル②

☐	おいしい？	Is it good?
☐	おいしい？　よかった！	I'm glad you like it!
☐	よく噛んでね。	Chew it well.
☐	まだお口いっぱいだよ。	Your mouth is still full.
☐	それ先に飲み込んで。	Swallow that first.
☐	もう少しど～お？	You want some more?
☐	食べ物で遊んじゃダメよ。	Don't play with your food.
☐	お行儀よくね。	Behave yourself.
☐	まだ熱いよ。	It's still hot.
☐	フーフーして。	Blow on it.
☐	ペーッて出さないで。	Don't spit it out.
☐	床に落ちたものは食べないで。	Don't eat off the floor.
☐	好き嫌いしないでね。	Don't be picky.
☐	手づかみしないで。	Don't use your fingers.
☐	おなかいっぱい？	Are you full?
☐	おしまい？	Finished?
☐	全部なくなっちゃったよ。	It's all gone.
☐	あとひと口！	One more bite!
☐	お皿の上のもの全部食べてね。	Finish your plate.
☐	さっさと食べちゃって。	Finish eating.
☐	全部食べてえらいね。	I'm glad you finished it all.

外出

☐	忘れ物ない？	Do you have everything?
☐	楽しんできてね。	Have fun!
☐	今日はいい天気よ。	It's nice today!
☐	お外行こう！	Let's go out!
☐	ベビーカーに乗って。	Get in your stroller.
☐	ベルトしようね。	Let's buckle up.
☐	準備オッケー？	Ready to go?
☐	信号青だよ。	The light's green.
☐	じゃ渡ろう。	Let's cross.
☐	止まって！ 赤よ。	Stop! It's red.
☐	あ，あのお花見て！	Oh! Look at the flowers!
☐	とってもきれいだね。	They are so pretty, aren't they?
☐	あ，わんわんがいるよ。	Ah, there's a dog.
☐	わんわん好き？	Do you like dogs?
☐	すべり台で遊ぶ？	You want to play on the slide?
☐	降りておいで〜！	Come down!
☐	一緒に仲良く使って。	Share.
☐	仲良く遊んでね。	Play nicely.
☐	順番よ。	Take turns.
☐	おうちに帰る時間だよ。	Time to go home.
☐	遅くなっちゃうよ。	It's getting late.

切り取って使いましょう。

風呂場・トイレ・洗面所

顔や手を洗いに行こう。	Let's go wash up.
せっけんつけて。	Use some soap.
おトイレなの？	Do you have to go to the bathroom?
おしっこ？　うんち？	Pee-pee or poo-poo?
お兄ちゃんになったね。	You're so big now.
ママすごくうれしい！	I'm proud of you.
お風呂入ろう。	Let's take a bath.
（湯船に）入ろう。	Let's get in.
肩まで入って。	Get in up to your shoulders.
10まで数えよう。	Let's count to ten.
お水バシャバシャしないで。	Don't splash around.
頭洗ってあげる。	Let me wash your hair.
おしり洗ってあげる。	Let me wash your bottom.
背中洗ってくれる？	Can you wash my back?
気持ちいい！	Feels good!
そのタオル取ってもらえる？	Can you hand me that towel?
歯をみがこう。	Let's brush your teeth.
歯ブラシ持って。	Hold your toothbrush.
ブクブクして（ゆすいで）。	Rinse your mouth.
ペッて出して。	Spit it out.
お水出して。	Turn on the water.

切り取って使いましょう。